Happy Happy FEM STEG FÖR ATT KOMMA ÖVERENS MED VEM SOM HELST

HAPPY HAPPY ·溝通力·

瑞典知名談判專家傳授最強說話術,
讓彼此化解歧見,
達成共識,共創未來

拉斯-約翰·艾格(Lars-Johan Åge)著 胡琦君 譯

CONTENTS
目錄

第二部 HAPPY HAPPY溝通力的實際運用

前言
雙方都HAPPY，才是真正的成功

如果人們對你的想法、意見、創意和建議，經常表達肯定和讚許，你的生活會產生什麼變化呢？

讓我告訴你會有哪些改變：你的生活品質會更好，也會有更大的成功。你的工作、家庭或休閒生活都會產生好的改變，還有你在乎的每一樣重要事物，甚至你不那麼在乎的事物也同樣如此。

許多人認為，我們之所以會成功，是因為我們與人競爭，並且贏得勝利。沒錯，在少數情況下或許是如此。但在大部分情況下，是因為我們跟別人達成了共識，讓雙方關係得以延續，進而建立良好的關係。換言之，成功之所以發生，是因為每個人都感到滿意。

本書要談的就是如何在各種生活情境中都達到「皆大歡喜」（Happy-Happy）的境界，內容呈現的不僅是我的研究成果，同時也源自於我個人終其一生的興趣。

當我在撰寫博士論文時，開始對各種情境中成功的重要因素感到興趣。在完成論文之後（我的研究以電信產業為主），我繼續留在斯德哥爾摩經濟學院，成為專門研究「成功」的談判專家。這是我期待已久的機會，因為我在家排行中間，從小就夾在哥哥和弟弟之間，這無疑養成了我對談判的興趣。

過去數年來，我一直在尋覓最優秀的談判者，與他們合作進行研究實驗。我找的不僅是商業和外交領域的談判專家，還包括瑞典警察署和美國ＦＢＩ的人質談判專家。在研究多年之後，我歸納出一些頂尖談判專家幾乎都會遵循的重要步驟。

隨後，當我檢視這個主題的既有研究後，發現自己的研究成果跟當今經濟學、心理學和行為科學的研究成果不謀而合。這清楚地顯示那些實際參與的談判者，以及研究談判的理論家，在碰上危機時，都有一套固定且足以扭轉情勢的有效做法。

我將自己的研究成果發表於學術期刊上，探索達成共識背後的成功因素，並獲得多個大型機構的關注，當中也包括了FBI。此外，我還發現一個令人超級振奮的事實：這些步驟似乎不僅適用於商界人士、外交官和人質談判專家，也適用於其他工作情境。不光如此，在你的工作與生活之餘，或是要和家人溝通時，這些步驟也能同樣奏效。

HAPPY HAPPY溝通力的五個步驟

要成功達到皆大歡喜，你可以依循「HAPPY HAPPY溝通力」的五個步驟，詳盡的內容全在這本書裡。如果你遵循這些步驟，不僅可以大幅提高別人肯定你想法和建議的機會，還能夠幫助你跟意見不同的人合作愉快，並找到攜手前進的道路，而且整個過程都讓每個人能「皆大歡喜」。

我為什麼會一直強調「皆大歡喜」（Happy-Happy）而不是「雙贏」（Win-Win）呢？稍後我會進一步交代兩者之間的差異。

在正向心理學的領域裡，「快樂」的定義不僅是我們內心感到快樂，也包含我們對某事感到心滿意足，並且體會到它是有意義的。在我們順利與別人達成共識時，當下或之後就會體驗到這樣的感受。關於這點我稍後會多加說明。

本書裡，HAPPY HAPPY溝通力的每一個步驟都有專屬的章節，並詳細闡述它們運作的原理。不過，在詳述這些方法之前，我想先說明為何達成共識如此重要，以及「皆大歡喜」跟「雙贏」之間有何區別。此外，我還會簡單列舉出「皆大歡喜」才是真正符合人腦運作模式的證據。那到底HAPPY HAPPY溝通力的內容是什麼呢？

HAPPY HAPPY溝通力有五個步驟，分別是：

步驟一：保持正面的心態

如果我們心情愉快，就更容易與別人達成共識。這適用於每一個人，甚至適用於那些意見與你相左、你希望能獲得共識的人身上。

步驟二：深思熟慮

確保自己事先做好充分準備，了解哪些事情對自己最重要，也同時為尋求共識的對方，設想他所在意的重要事情。總之，要通盤考量各種選擇。

步驟三：建立連結

對對方充分展現好奇心與理解，以發展出雙方良好的關係。

步驟四：謹慎說話

避免討價還價，試著把談話引導到有建設性的方向。

步驟五：備妥B計畫

如果你發現自己身陷泥沼之中毫無進展，這時就得仰賴B計畫了。

成功需具備的能力

那麼，成功需要具備什麼樣的能力呢？簡單來說，一旦你善用這五個步驟後，你會獲得極大的益處：

- 在開始對話前，就有正確的心態和看法。
- 即便聽到不喜歡的事情，還是可以保持正面的心情。
- 了解到自己和對方真正想要的東西。

- 即使事情沒有如你所預期的發展，你也知道應該說些什麼。
- 知道該慎選哪些用詞，同時知道必須盡量避免哪些話語。
- 在面對不想跟你合作的人時，知道該如何做出回應。
- 懂得創造一個皆大歡喜的最佳局面，讓每個人都能感到滿意。

此外，這五個步驟還有一個重要的特點，那就是非常強調**通往結果的過程**。當我們試著與某人達成協議時，它並非只是獨立的單一斡旋事件，而是需要延續一段時間的歷程（之後會再詳述），而這正是祕訣所在。

隨後我在書中講述各個步驟時，不會詳述相關實驗或研究的細節。如果你想進一步了解這些步驟背後的研究，在本書最後的〈參考文獻〉列出了所有步驟相關的實驗和研究依據。此外，如果你想深入閱讀某個特定步驟或領域的相關資料，在〈延伸閱讀〉也可以找到更多我所推薦的文章和書籍清單。

無法達成共識的三個負面後果

要找到與他人攜手前進的道路，其實滿困難的。首先，我們必須知道自己真正想要什麼。接著，我們必須能夠清楚表達自己的觀點，並聽聽別人對我們想法和建議有什麼樣的回應，進而順應做出修正與調整。這時，我們要發揮創意，才可能找到一開始或許沒想到的解決方案。甚至有些時候，我們還不得不面對那些完全不想合作的人，設法找出一條能共同攜手前行的道路。

你不妨想想看，假如無法成功，我們會付出什麼代價？史上花費最長時間在研究這個問題的學術機構，恐怕要屬美國哈佛大學法學院了。一九八〇年代初期，他們成立了一個研究機構，網羅全球最頂尖的談判暨解決衝突研究人才，建立一個名為「談判研究計畫」（Program on Negotiation，簡稱ＰＯＮ）。該機構研究人員一再強調，倘若最終無法達成協議而陷入僵局的話，就會衍生出三個不良後果：

一、浪費時間精力。

二、雙方關係惡化。

三、做出不智決定。

哈佛大學研究人員已發現，在各種無法成功的情境中，經常會出現這三種結果。無論情況的大小都一樣。

容我舉一個國際政治事件的例子來說明。這一切始於一九六一年甘迺迪總統想要全面禁止原子武器的試驗，從而進一步終止軍備競賽。為了確保此一禁令能夠嚴格執行，甘迺迪希望美國和蘇聯能夠檢查彼此的領土，查看對方是否有任何搞破壞的活動。為了達到這項目的，蘇聯和美國必須在雙方領土進行的檢查次數上，達成一致決議。然而，兩國各持己見，不斷討價還價。

美國說：「我們希望每年進行十次檢查。」

蘇聯回答：「我們只想要三次。」

美國回應：「三次？才不夠呢！我們想要十次！」

蘇聯：「門都沒有！最多三次！」

美國：「只檢查三次？你們在開什麼玩笑呀?!」

雖然我不清楚他們確切是怎麼說的，但我知道他們雙方一再重申自己的立場，並且抨擊對方的提議，最終導致談判破裂。隨之而來的後果就是長達三十年、毫無意義的軍備競賽，並且讓全世界人民感到惶惶不安，覺得隨時有可能會爆發戰爭。

像這樣的不良後果，也常出現在我們的日常生活中。當然，與軍備競賽和戰爭相比，是沒那麼嚴重。但不爭的事實是，我們同樣浪費許多時間在爭吵上、導致彼此關係的惡化，而且在最糟的情況下，還可能做出日後令自己悔恨的不智決定。

互助能讓人擁有更好的生活品質

如果我們能夠更順利地與他人達成共識並且合作，將會帶來更好的生活品質：無論在我們的職場，還是私人生活裡都一樣。

在職場上，大多數人似乎成天都忙著努力跟別人達成共識。這不僅是因為工作佔了我們大部分的時間，也因為我們總是必須跟各種不同觀點的人合作。況且，在職場裡我們必須處理各式各樣的人際關係，包含跟同事、跟老闆，還有跟下屬之間的關係。

幸福學專家安妮・麥基（Annie McKee）在其著作《如何找尋工作中的幸福感》（*How To Be Happy At Work*）裡，對此做出完美的詮釋：「有一種方式能夠讓自己在職場裡更開心、更滿足，那就是跟我們的同事、下屬，甚至老闆保持良好的關係。」

然而，這不僅關係到我們的快樂與否，甚至還會決定我們事業的發展走向。因為，當我們跟共事的對象培養出良好的關係後，就能創造出成功的契機。舉例來說，研究人員證實，如果我們一直選擇在家工作，無法跟同事面對面交流，儘管我們的工作效率提高了百分之十三[1]，但獲得升遷的機會將減少百分之五十，該研究還指出，良好的關係不只會影響到自己，也會對其他同事、公司本身、客戶，以及股東產生正面的影響。

我相信，現在的你對這類事情一定早已游刃有餘；原因很簡單，因為團隊合作和達成共識本來就是人類DNA的一部分。何況，如果你已經在職場上打拚多年的話，想必你更有機會磨練並提升這樣的古老才能。

那麼，既然你都已經知道這些事情了，我還能提供什麼建議呢？嗯，就算你天生就擁有這方面的才能，我依然可以提供很多建議，有助提升你做這些事情時的覺知。在面對這類情況時，有助你更容易做出正確的判斷。

簡單來說，本書可以幫助你將「無覺知的才能」轉化為「有覺知的才能」。光是如此，就能帶來很大的差別。

合作，是一種天性

容我舉個例子吧！你知道嗎？根據某些科學實驗指出，如果我們和別人共進午餐，就會提高我們達成共識、合作愉快的機率。這是因為鏡像且複製彼此的肢體動作，能進而觸發我們大腦中與合作相關的神經元。* 一旦你有了這樣的概念，就會開始對原本習以為常卻未察覺的事情，以不同的方式應對。譬如說，若是明天早上有人打電話給你，問你能否碰面吃個午飯，或是喝杯咖啡，想必屆時你會知道要怎麼回答才最合宜且得體。這時，你展現出的就是有覺知的才能。

---

* 根據紐約康奈爾大學針對消防員所做的研究指出，在接到緊急呼叫出勤時，那些原先一起吃飯的隊員的合作狀況，比那些原本單獨吃飯的隊員要好得多。

我深信，若能提高這部分的覺知或意識，再佐以其他的技巧，即使你原本就已是箇中高手，還是會功力大增；何況隨著你每個月跟某人碰面一次，你們的關係會一點一滴地變好，一整年下來整體改善的結果將十分可觀。

在下一章裡，我會進一步詳細描述「皆大歡喜」的概念，以及它所涵蓋的重點：高度滿意、良好關係、合作愉快，以及攜手邁向未來。同時我也會解釋這個概念是如何幫助我們記住這四大基礎，進而走向良好的合作。

第1部

●

「你快樂，所以我也快樂」的 HAPPY HAPPY 溝通力

●

第一章 什麼是「皆大歡喜」？

採用HAPPY HAPPY溝通力之後，相信你將能跟那些與你意見相左的人達成共識，進而讓每個人皆大歡喜。

有時候，可能你最終達成的共識並非你原本所設想的結果，但這樣的共識將更有助於你們雙方在其他地方獲得成功。況且，你還會發現，其實只要做得夠正確，就能避免掉入最常見的陷阱，你會比以前更容易找到一條與對方攜手並進的康莊大道。這裡指的陷阱是：抱持錯誤的心態和方法、蠻橫提出無理要求並死守你的立場，以及錯失真正重要的東西。最後，同樣嚴重的一個陷阱則是：當對話朝著錯誤方向偏離時，你無法把它拉回常軌。

HAPPY HAPPY溝通力的五個步驟不僅可以幫助你避免犯下最常見的錯誤，還能幫助你在跟別人交流之際，創造出正向的氛圍。即使一開始的狀況並不是太好，但仍然可以幫助你創造出快樂的感受。所謂的「情況不好」，是指對方發怒、毫不退讓、感到失望，或是壓根不想和你合作。

接下來，我想多闡釋一下「皆大歡喜」的概念，以及它為什麼能夠幫助你更明智地思考和行動。

為何人們能「皆大歡喜」？

所謂的「皆大歡喜」，是藉由重視雙方的滿意度、良好關係、合作愉快、以及永續未來，進而達成共識的絕佳狀態。

一、**重視滿意度**

光看「皆大歡喜」的表面意思，我們就知道它代表的是雙方都滿意協議的結果，而且是同時感到滿意。*只要我們能夠做出一個**雙方都受惠**的決定，同時確保在過程中**雙方也都感到滿意**，這就是「皆大歡喜」。

所謂雙方互惠的決定，代表有成功考量到彼此各自的利益和需求，這正是HAPPY HAPPY溝通力的核心任務，並且同樣重視如何讓對方滿意。即使你無法完全滿足對方的需求。為了更清楚闡明這意思，我舉一個實驗來說明：

實驗人員將法學院學生分成兩兩一組，要求他們討論一個游泳池的建案。[2]他們請其中一名學生扮演憤怒屋主的律師角色，因為屋主非常不滿游泳池沒有按照合約規定建造；另一名學生則扮演建商的律師角色，因為建商非常不滿對方沒有依約定支付工程款。實驗人員要求這兩名學生試著找出解決方案。事後，學生還要針對雙方討論過程中和所達成的最終協議，給出心情感受的評分。

你覺得事情會如何發展呢？你是否認為整個討論過程或多或少會影響到他們對於最終協議的看法嗎？沒錯，的確如此。事實證明，那些在過程中體驗到正面感受

＊我偶爾會被人問到，在挾持人質事件裡，是否也能用HAPPY HAPPY溝通力？事實上是可以的。不可否認地，當劫持人質者遭解除武裝後，他們很少會帶著微笑離開現場的。但在事件之後，假如這些人有機會省思當時的選擇，姑且不論結局如何，他們多半對於事件得以順利落幕都感到欣慰。

的學生會比較滿意，也比較能接受最終的解決方案。同時，那些擁有正面感受體驗的人也會做出更明智的決定；跟那些沒有體驗到正面感受的人相比，他們對彼此的評價普遍偏高。

那麼，究竟是什麼東西創造出過程當中的「正面感受」呢？之所以產生這種正面的感覺，是源自於學生們認為自己受到尊重、獲得傾聽，並且認為對方秉持善意、充滿信心。

這種現象就是研究人員所謂的「程序正義」（procedural justice），強調「通往決策的過程」，跟「決策本身」同樣重要。基於這樣的理由，我認識的聯邦調查局探員總會強調，無論這個人做了什麼罪大惡極的事情，必須要給予劫持人質者一定的尊重。他們之所以會這樣做，並不是認為這個人理應得到尊重，單純只是出於成功率的考量。因為他們只要這麼做，所有事情都會變得順利許多。

這樣的互動關係也適用於我們想要與別人達成共識的各種情況。如果我們以為客戶、老闆，或是另一半只在乎我們做出的最終決定，這是在自欺欺人。「皆大歡喜」裡所謂雙方滿意的狀態，不只是指達成共識或決議，也包含其過程。而

HAPPY HAPPY溝通力就是最有效的方法。

二、重視良好關係

試想一下，有兩個人在談論事情好一陣子後，他們對彼此的公司和談話本身都感到滿意。因此，他們可能也會感覺彼此的關係還不錯。如果換成另外一種情況，這兩人出現爭執，就算最後雙方都認為自己才是贏家，他們很可能覺得彼此的關係不好，這純粹是因為他們在過程中沒有互相尊重。

良好的關係能讓雙方真正感到滿意，也讓對方更容易接納我們的提議，並且更確信彼此達成的協議會付諸實現。

三、重視合作愉快

我們之所以無法跟別人達成共識，最大的問題通常在於我們老是誤把人生當作是一場競賽。經研究證實，人們總是假設自己處於競爭狀態，或是零和賽局（zero-sum game）裡，也就是一方獲利是來自於另一方的損失，反之亦然。以下是研究人員做出的結論：

- 儘管競爭情況的確存在，但並不如我們想得那麼常見。3
- 如果把合作狀態誤認為是競爭狀態，肯定會給自己帶來麻煩。4

HAPPY HAPPY溝通力就是幫助我們找回「合作狀態」的一種方式。即使它們乍看之下像是競爭狀態。

四、重視永續未來

如果我把本書書名改為《生意成交！》，那麼書中就不會提及HAPPY HAPPY溝通力，也不必大費周章在書中闡述如何創造滿足感、建立良好關係，或是合作愉快；相反地，只要別人對我們的提案說「YES」就夠了。

然而，「皆大歡喜」並不是這樣一回事；它指的是我們能夠跟一個對未來有著相同共識的人攜手前進。從這樣的角度來看，達成協議之後的事情也同樣需要受到重視。這意味著我們不能將對方的問題視為他們單方面的問題，而是彼此要共同關注的議題。

基於永續未來的角度，我們不會因為達成協議，便讓雙方的合作關係就此打住，或是從此不再關心對方的需求。我們反而會把雙方做出的決議，也就是對方的「YES」，視為未來繼續合作的一個起點。

真正的合作，在決議後才開始

談到這裡，或許有些人會問：「『皆大歡喜』跟『雙贏』不都是一樣的東西嗎？」

兩者並不一樣！「雙贏」其實可以說是一個掩人耳目的概念。關於這點，我在自己的研究裡曾經談過。[5]雖說跟只有一人獲勝的情況（即「非贏則輸」）相比，能夠創造出雙贏的結果當然更好，但它並非我們的理想。

首先，「雙贏」聽起來還是像在競賽，但我們已經知道事實並非如此。

其次，它似乎只重視雙方在某個時間點得到某樣東西：我得到了這個，那你得到什麼？以這種方式衡量結果，或許在我們小時候分糖果的情況下還起得了作用，但如果是在討論新工作、假期去哪裡玩，或是跟一個根本不想在週末夜間門禁前回家的青少年溝通時，它哪裡起得了作用？

第三，在雙贏的情況下，我們也會習慣這麼想：只要在決議當下雙方都感到自己贏了，達成共識前的過程一點都不重要。但我們現在知道，這個過程鮮少會不重要的。

最後，雙贏還忽略了一項我剛剛提過的事實：那就是在我們達成共識後，事情其實還未落幕。換句話說，我們多半會認為當雙方都贏了，事情就結束了。然而，真正的合作通常是在達成共識之後才開始。

以上這些概念都一再讓我們相信雙方的關係，或是我們對待彼此的行為模式，並不那麼重要。再者，一旦對方在執行決策時碰到問題，我們會認為這是他們單方面的問題，跟我們一點關係都沒有。

讓事情順利進行，比「證明自己是對的」更重要

語言具有強大的威力，因此我們描述事情的方式，會影響到我們看待它的態度。

許多研究證實，當實驗對象獲知某個城市的犯罪率急遽攀升時，他們會馬上提出更激烈的應對措施，激烈程度遠勝於他們在聽到同一城市的犯罪率緩慢上升時的反應。另一方面，當實驗對象聽到經濟「深陷泥沼」時，他們給出的建議則是經濟需要「推車啟動」（Push-started），就像是將某輛動彈不得的汽車強力推離泥坑一樣。

因此，我們不妨把「皆大歡喜」這幾個字當作是一個概念，用以提醒自己的所做所為，是能大幅提升雙方達成共識和協議的機會。

假設你試圖跟另一半、老闆，或是某個朋友，找到攜手前進的道路，這時你腦中可能會閃過這樣的念頭：「對哦，要做到『皆大歡喜』！那我應該要努力使我們雙方都開心。」光是這樣一點小小的洞察力，就足以對你產生很大的影響，改變你處理這些情況時的態度。或許當你跟對方陷入愈來愈激烈的爭論時，你可能會對自己說：「這好像不是『皆大歡喜』欸！那我要怎麼做才能改變這種情況呢？」

這樣的想法能夠幫助你更容易放下想要「證明自己是對」的執念，進而將心思放在要如何把對話引導到更具建設性的方向。而且，在某些情況下，當你意識到無論多麼努力嘗試，雙方都不會滿意時，「皆大歡喜」的想法也能讓你選擇禮貌地說聲「不用了，謝謝」而離開。這樣一來，或許你跟對方都能更開心。

因此，「皆大歡喜」不只是透過HAPPY HAPPY溝通力達成的目標，同時也是幫助你實現目標的準則。

在正式實行的第一步驟前，還要說明一件事，那就是對於大腦要先有一定程度的了解。在下一章裡，我會簡單解釋，當人們在重要事情上碰到跟自己想法相左的人時，大腦是如何運作的。我也會進一步闡述，為什麼認識自己以及別人的大腦，其實是找到雙方攜手前進、邁向未來的基礎。

本章重點

- 達成共識的目的是找到跟他人攜手前行的道路，並且將重點放在雙方滿意度、良好關係、合作愉快、以及永續未來。
- 事情並非是彼此達成決議後就落幕了；對方的問題和挑戰同樣也是你的問題和挑戰。
- 「皆大歡喜」不僅是目標，同時也是通往目標的道路。

第二章 達成共識，就是和對方的大腦對話

我們的情緒經常受到許多東西的驅使，像是看到某個新面孔、飛向月球的某個新火箭、耳朵聽到某個新奇聲音；然而，它們都是同樣的情緒。

——梅爾斯・坎寧安（Merce Cunningham）

本書大多數的讀者恐怕沒興趣想深入了解我們大腦的運作細節，不會想知道自己大腦裡分泌了哪些物質、大腦的各個中心是如何產生連結的，或是一大串曾聽過卻記不住的拉丁學名。

不過，既然你想要提升自己跟別人達成共識的能力，最好還是先了解一下我們大腦內部究竟是如何運作的，當你碰到必須跟別人達成共識的情況時，就擁有很大

的優勢，因為你每次都是在跟別人的大腦對話。這也是為什麼我每次上課前，都要跟學員簡單介紹大腦運作過程的原因，無論他們是學生、商界人士，還是人質談判專家。

我們必須知道大腦中理智和不太理智的部分，並且了解鏡像神經元是達成共識前的必要先決條件，以及它為何能夠幫助我們營造出一個雙方合作的有利情況。

理智腦是大腦總管

首先介紹我們大腦的總管——理智腦（sensible brain），也就是「額葉」（frontal lobe），就位在額頭的正後方，它負責治理和組織事情，並且希望能處理我們所有的重要決定；它也負責慎思和規畫，幫助我們理性思考，看見事情的不同角度，進而做出明智的決定。額葉就像所有高居上位的人一樣，希望所有來自外部的資訊都先送到這裡，接著再迅速傳送到相應的負責部位。

大腦的資訊流是這樣運作的：資訊會透過我們的各種感官直接進到額葉。在快速篩檢後，資訊被傳送到大腦的其他中心，這時我們才開始移動身體，或是說出一些合乎邏輯的話。

假設某天早上，你跟某個很熟的朋友或同事約好見面，你心中有一個非常好的提案，也確信對方肯定會喜歡。你可能還預想到兩人共進午餐時，對方會對你的建議讚不絕口。這時正值嚴寒冬季，你出門時發現車子遭到白雪覆蓋，而且擋風玻璃上還夾了一張違規停車罰單。這時你才發現不但自己把車子停錯地方，就連手套也忘記帶；於是，在你努力刮掉擋風玻璃上的結冰後，手指已經凍僵，一路上只得用僵硬的雙手開車。抵達見面地點時已經有點遲到，所幸你有個好點子可以分享。不過，當你提出想法後，桌子另一頭的人嘆了口氣，搖搖頭說：「老實說，這想法聽起來真的很怪。」

我們在這裡先暫停，思考一下你在這種情況下會有什麼感受，我想你應該會發覺自己身體出現某種負面感受，姑且稱它為沮喪或惱怒吧，這是你的大腦總管開始失控的第一個跡象。從那時開始，你聽到的訊息可能不像平常一樣，是從額葉傳送出來，因為你的總管已經休息去了，並沒有待在座位上。

理智腦能夠像這樣休兵，是值得我們感激的一件事。因為如果沒有這樣的功能，人類不可能存活到今天。也就是說，當遠古時代的人類在大草原上生活時，假如有隻劍齒虎跳到面前，就是靠著這個功能才有機會存活。這時，我們可不需要思索該怎麼反應，只需要火力全開邁步逃命就好。而這當然密切關係到我們能否活命。

現在問題來了，現代人雖然早已不在大草原生活，但還是會出現遠古時代的那種反應。例如，跟別人談話時，就可能觸發我們出現像在大草原上遇到威脅時的行為。當這種情況發生時，尤其是在最糟糕的情況下，訊息會直接轉向所謂的「爬蟲腦」（reptile brain），不再經由額葉進入。

爬蟲腦是大腦中不理智的部分

爬蟲腦的特長是會令我們停止思考。當這種狀況發生時，我們會喪失理性邏輯思考的能力。而且在那之後，我們多半也會對自己的所做所為後悔不已，搞不清楚之前自己究竟是怎麼了。

我們之所以會發生這種狀況，就是因為爬蟲腦正在運作。爬蟲腦的正式學名為

「杏仁核」（amygdala）。這是大腦裡比較原始的部分，已有數千年的演化歷史，能幫助我們在碰到先前提到的劍齒虎時發揮作用。當劍齒虎逼近時，我們不容浪費一丁點的時間，因此所有的訊息會直接進入杏仁核。杏仁核不會思考、不會反省，也沒有理智；相反地，它只會引發一連串身體反應，也就是一般人所熟知的「戰或逃」（fight or flight）。

不過，現在的問題是：我們的爬蟲腦通常不需要面臨劍齒虎的威脅，就會直接接管控制權，單單只要聽到一些不入耳的話，或是當我們開始擔心會發生某些不愉快的事情時，它就會開始運作。有時候，只要有人挑戰我們，爬蟲腦就會接管整個大腦。

當然，這不代表大腦的理智部位設有一個「關閉」，經某人按下後就會直接關閉；它反而比較像是個「轉鈕」，依據人們所面臨威脅的嚴重程度，逐步從理智腦轉向較為原始的爬蟲腦。

為了理解這一切是如何運作的，我們不妨將杏仁核想像成是個裝滿水的平底鍋。如果我們是用小火加熱這只鍋子，水可以慢慢燉煮數小時而不會沸騰溢出鍋外。不過，如果將爐火轉鈕調到最高，水很快就會沸騰而溢出。杏仁核的運作方式也是一樣；只要將它設置成小火慢煮，我們還是有辦法進入其他那些更高階的大腦部位，這意味著我們還是可以反思、判斷，進而做出還不錯的決定。然而，一旦它大火沸騰，這些能力就會瞬間喪失，我們恐怕得花上好幾個小時才能重拾這些能力。

首位提出「情緒智商」（EQ）概念的科學家丹尼爾・高曼（Daniel Goleman）將杏仁核這種類似「沸騰」的方式稱為「杏仁核劫持」（amygdala hijack）。我認為，「劫持」的比喻十分傳神：我們這位理智的大腦總管「額葉」已經無法駕駛飛機，因為駕駛艙遭到原始的「杏仁核」接管了。

試圖與重度杏仁核劫持的人交談，就相當於試圖跟兇猛的爬蟲類動物講道理，完全起不了作用。但假如你能在杏仁核達到沸點之前介入干預和影響，你就有辦法將對話再次拉回正軌。

在接下來的章節裡，我會提出一些能幫助自己冷靜，也能對方的爬蟲腦平靜的技巧，因為這通常關係到我們隨後能否跟對方達成共識。因為達成共識的關鍵在於：你若希望自己說出的話起作用，必須先讓話語進入對方的理智腦才行。

鏡像神經元是換位思考和同理心的基礎

在我的某個研究案例裡，我採訪了一位經驗豐富的人質談判專家，我問他通常是如何做準備的，他回答說：「如果我要去見一位因為遭到妻子兒女拋棄，憤而挾持人質的人，在跟他對話之前，我會先獨處一下子，把這件事暫時拋開，開始思考我的家庭。我想像自己回

全球聞名的兩大「杏仁核劫持」案

二〇〇六年世足總決賽中，備受推崇的知名足球運動員席丹（Zinedine Zidane）在兩千八百八十萬名電視觀眾面前，以「頭槌」攻擊對手馬特拉齊（Marco Materazzi）。席丹因而被判出場，隨後法國隊輸掉比賽，也痛失冠軍獎盃。

一九九七年泰森（Mike Tyson）對戰霍利菲爾德（Evander Hollyfield）的拳擊比賽裡，泰森因為情緒失控而咬下霍利菲爾德耳朵的一小塊肉，導致泰森被判禁賽，暫時退出拳壇，並罰款三百萬美元。

以上的兩個案件，在事後犯行者都盡其所能、試圖用某種邏輯或方式來辯解當時所發生的事情。這當然是無法做出解釋的。不過，每個見過這類狀況的人都會想問一個問題：「當時他們到底在想什麼？」事實是，他們根本沒在「想」（think）。

到家裡，在廚房桌上看到一張家人留的紙條，寫著他們已經離開我，我會問自己在那個當下會有什麼樣的感覺……」

接著，這名人質談判專家描述這種感覺，是如何幫助他隨後跟挾持者的接觸和對話變得順利。稍後，我會進一步闡述這類方法如何幫助我們在更多日常情況裡達到同樣的目標。不過，在本章裡，我主要是想說明這類方法為什麼如此有用，為何能夠幫助我們跟別人的接觸更加順暢。

一九八〇年代，帕爾馬大學有一組義大利籍研究人員專門研究獼猴腦中理智區塊的特定神經細胞（即神經元）。[6]他們注意到，當猴子在吃香蕉時，某些細胞就會開始產生反應。奇怪的是，即使牠們看見另一隻猴子在吃香蕉，腦中也會出現相同類型的細胞。換句話說，當某隻猴子看到其他同伴在吃香蕉時，牠大腦產生的反應就跟正在吃香蕉的猴子一模一樣。

研究人員將這些細胞稱為「鏡像神經元」（Mirror Neurones），因為它們意味著猴子可以「鏡像複製」另一隻猴子正在經歷的事情。因此，這些神經元有可能「消除」兩隻猴子（或兩個人）之間的界線，如此一來，我們就能夠理解另外一人實際經歷到的事情。*

當那位人質談判專家想像人質劫持者的處境時，就觸發了他大腦裡的鏡像神經元，這也是我們人類得以在不同情境下理解別人感受、行為以及意圖的原因。簡言之，這就是我們所謂換位思考和同理心的基礎。

一、換位思考：從別人的角度看事情

有一群學生參加了一項實驗，實驗者將他們分成兩人一組，分別扮演加油站的賣家和買家。[7]這兩人同時也面臨了一個重大問題：買家願意支付的價格遠低於賣家可以接受的最低價格。乍看這似乎是個無解的僵局，不過在這些硬性條件底下，其實還是有轉圜的餘地：因為買方需要聘請人來管理加油站；賣方雖然打算買艘遊艇雲遊四海一段時間，但等他回到家鄉後還是需要一份工作。在這樣的前提下，實驗對象（學生）兩兩成對在各個獨立房間裡，試圖達成協議。

某些實驗對象成功結合這些願望，讓賣家能夠接受以較低金額換取一艘遊艇，和一份回鄉之後等著他去做的加油站工作。而有些實驗對象不但沒有達成「皆大歡喜」的解決方案，反而陷入無可轉圜的僵局。

隨後，在實驗對象接受訪談、針對協商過程進行分析時，得出的總結顯而易見：最成功的組合，往往是那些極容易從別人角度看待事情的人。

這種從別人角度看待事物的能力，也會為我們帶來其他情境裡的成功，而不只限於科學實驗裡。在談及這種能力時，研究人員最常提到的是，約翰甘迺迪總統在一九六二年古巴導彈危機期間，他與蘇聯領導人赫魯雪夫的談判案例。當時，全世界只能眼睜睜看著兩國之間的衝突持續升溫，許多人擔心最終會引發大規模的戰爭。最後，甘迺迪試圖與赫魯雪夫達成協議，並向他承諾：只要蘇聯願意移除古巴境內全數的核子武器，美國絕對不會出兵攻打古巴。

這個解決方案的絕妙之處在於，赫魯雪夫不僅免除了未來古巴可能遭遇到的所有威脅，同時也保留了顏面，絲毫不損他貴為蘇聯最高領導人的地位。日後，甘迺

---

* 鏡像神經元研究員克里斯欽．凱瑟斯（Christian Keyser）經常在他的演説中播放詹姆士．龐德電影《第七號情報員》（*Dr. No*）的某個片段。在其中一個場景裡，你會看到一隻大蜘蛛正慢慢爬上躺在床上的史恩．康納萊的手臂。大多數的觀眾在看到這段影片時，都明顯表現出不適感。

迪表示，他之所以會提出這項解決方案，是因為他的顧問湯米・湯普森曾經花很長時間跟這位蘇聯領導人在一起，並且從赫魯雪夫獨特的角度看待事物，因而清楚知道他真正重視的事情是什麼。

二、同理心：能理解別人的感受

能夠從別人的角度理解對方的處境，這是否跟同理心一樣呢？這兩種情況的確都跟理解有關，但換位思考通常跟事實和處境有關，而同理心則跟理解別人的感受有關。此外，研究指出，當人們在討論跟金錢、價格和能力程度相關的具體情況中，能夠換位思考是最重要的；而在涉及感情的討論時，同理心則是關鍵。

那麼當我們想跟別人達成共識時，強調情感的同理心為何也如此重要呢？

就以人質談判專家來說吧！他們所依賴的正是展現同理心的能力。原因在於他們知道自己無法給予人質挾持者想要的東西，只能試圖讓對方冷靜下來、恢復理智，得以進行理性對話，進而和平解決問題。

接下來，再舉我本身實際發生的一個事件為例，它跟人質挾持的情況有些雷同，而且同樣證實了一個道理：如果我們想讓對方接受我們的建議，展現同理心、理解對方感受是極為重要的。

展現同理心讓我救人一命

某年仲夏節假期裡（這是瑞典一個重要節日），我們去一處避暑小屋慶祝，到了傍晚時分，我們一行人要準備回家了。有對夫婦想搭便車，所以我們開車送他們回家。我坐在副駕駛座上，眺望窗外夏日明亮的夜晚，突然間，我發現有個人倒臥在路邊。我喊道：「停車！那裡有個人！」

我們將車子迴轉後，的確發現有個女人倒臥在繁忙車流的馬路邊。我們小心翼翼將車子駛向路旁，並且下車走向她，心想她一定病倒了；不過，我們很快地發現，她只是不開心，非常非常地不開心。

那個女人用雙手摀住臉說：「別管我，就讓我躺到路中間給車子撞死算了。」

這時，各種想法在我腦中盤旋，所幸很快就有了方向，我逐漸知道自己該怎麼做，或者至少知道什麼不要做。

我們先是幫助那個女人站起身，在她肩上披了條毛毯。一開始，她試圖將我們推開，很氣惱我們為何要停下來幫她。她嘟囔地說：「我不想活了。」

為了防止她跑進車陣當中，我們在這名女子周遭圍成一圈人牆，由我出面跟她溝通。

「你們不知道我的感受有多麼糟，真不明白你們為何要阻止我躺到馬路中間？」她沮喪地說道，「不然我等會兒躺到另外那邊的火車鐵軌上，這樣一來你們就阻止不了我了。」

在混亂當中，我意識到自己應該嘗試採取某種行動，設法讓這女人平靜下來，進而聽進去我說的話。於是，在聽完她不斷重覆說著希望我們別管她的話之後，我浮現了一個想法：我決定嘗試ＦＢＩ探員在類似情況中採取的方法。

「我能理解，妳現在一定非常絕望。」我小心翼翼地開始說道。

「是呀，看也知道。」那名婦女聽完立刻回答，絲毫沒有猶豫。

「我也能理解，妳現在看不到任何方法足以解決妳眼前的處境。」我隨即接著說。這時，女人用疲倦的眼神看著我，並且諷刺地回答：「總算有人懂我了呀！」

我繼續說：「妳唯一想到的解決方法就是跑到馬路中間，做個了結，從此一勞永逸。」

「是的。」如今她的回答充滿決心。

「我曉得我們可能幫不了妳的忙，不過能否請妳告訴我們，究竟發生了什麼事情，導致妳落入現在的處境？」

該女子哽咽了一下，便開始告訴我們她是如何跟女兒和孫子們失去聯繫的。她的丈夫生病待在家中無法出門，顯然當天傍晚她跟先生大吵一架，這對她來說已經是忍無可忍了，於是她才會在夜裡衝出家門。

我很高興自己順利讓她開始談話，接下來又問了她幾個問題後，我認為時機成熟，是時候進行我的計畫了，於是我說：「嗯，我能理解妳經歷了一段難熬的時光，然而，即使表面上看似無計可施，但其實還是有希望的。我能否提個建議，看看妳是否願意這麼做嗎？」

她用運動衫的袖子擦了擦臉，同時點了點頭。

「我認為，我們應該打電話給警察，請他們安排帶妳去醫院就診，並且找到一個可以幫妳的人跟妳談談。我們會在這裡等他們過來接妳，妳覺得怎麼樣？」

這時，該名女子已經平靜許多，她仰起頭回答，聲音小到我幾乎聽不見：「好吧。」

之後我們一直陪她等到警察來、將她帶到最近的精神診所找人諮商之後才離開。當然我們都知道，在那個溫暖的仲夏夜裡，該名女子的問題並沒有獲得解決，而且她的康復之路也才剛剛開始。不過，至少就當下而言，她有受到妥善的照料。

如果想與別人達成共識，那麼我們必須做的一件事情就是理解對方，而且要讓對方知道這一點。透過鏡像神經元的幫忙，我們是可以做到的。它們不僅在這個例子中扮演重要功能，同樣在任何我們跟別人會談的情況下，也都有著舉足輕重的作用。

讓理智腦運作，才能真正有效達成共識

在本章裡，我想表達的重點是：大腦中理智和不太理智的部位，還有鏡像神經元，都是人類生理的先決條件，它們無時無刻不在運作、隨時都在影響著我們能否

與別人達成共識。

誠如我在前言裡提到的，若能夠概略了解大腦的運作原理，對我們會有很大的幫助。這意味著在運用HAPPY HAPPY溝通力的五大步驟時，我們比較能夠理解過程，以及為什麼它們會是這樣的先後排序。

舉例來說，第一個步驟是確保我們能啟動大腦的理智區塊，以及爬蟲腦不會在還未開始跟對方達成共識之前，就來給我們添亂。接下來才會進到第二個步驟，這時我們已經藉由第一步驟建立正面的心態，因而得以順利做好準備。第三個步驟則著眼在啟動我們自身和另外一人的鏡像神經元，讓我們雙方都能夠展現理解，並從對方的角度看待一切事物。然後，第四和第五個步驟結合前面三個步驟所培養的能力，幫助雙方找到解決方案，而這些解決方案或許在我們一開始對話時還看不到。

在極少數情況下，你難免會遇到某些完全陷入爬蟲腦、無法理智思考的人，無論你怎麼努力提供對方再多的幫助也無濟於事。此外，你還可能會碰到就算你如何努力運用鏡像神經元、如何展現理解，對方就是完全不鳥你的人，因為他們若不是精神變態狂，就是極度自戀、只在乎他們自己。這就是為什麼在最後一章裡，我會談到如何辨識出這些難搞的人，以及該如何跟他們打交道的方法。

不過，首先我們必須確保啟動我們大腦的理智部位，而這正是第一個步驟可以幫助我們做到的。

本章重點

- 大腦中理智、比較不理智的區塊和鏡像神經元，無時無刻不在運作，它們都是影響我們尋求共識與攜手合作的關鍵。
- 擁有換位思考和同理心，是讓我們達成共識的重要因素。

第三章
步驟一：保持正面的心態

即使在最黑暗的時刻也能找到幸福，只要你記得把燈打開。

——鄧不利多（Dumbledore）

一大早你的手機兀自地響個不停，簡訊和電子郵件大量湧入；你的同事還不斷跑進你辦公室，不是問問題，就是找你聊天。你想專心完成手邊的工作，卻一次又一次地遭到打擾，你不禁開始擔心能否完成眼前的事情。你無法集中心力，也愈來愈煩躁。

午餐過後，你必須寄出一封重要的郵件，偏偏這時網路突然出問題，附近又沒有人可以幫你。你打電話給ＩＴ支援部門，但要等一個多小時後他們才能幫你。

然後一位同事探頭進來，想要跟你討論一個重要的專案。你的確想提供一些想法，無奈這時你就是說不出個重點；彷彿你的腦容量已經飽和，腦袋完全卡住而無法思考。

所幸，工作都有結束的時候。當你回到家後，你的伴侶一開口就跟你說隔壁鄰居又越界把雪鏟到了你們家這邊，要求你馬上去處理這件事。一整天工作下來，即使你感到疲累和煩躁，卻還是走向鄰居家。裡頭的燈是亮的，所以他們肯定在家。

你認為你跟鄰居之間的對話後來會演變成什麼樣的結果？你可能會把工作上的所有挫敗感全轉嫁到鄰居身上，這樣一來，就不太可能以令人滿意的方式來解決問題。甚至到最後，你可能會完全失控抓狂。

要達到「皆大歡喜」的首要步驟，就是我們自己要先感到快樂。研究人員稱它為「正向情緒」（positive affect），指的是我們要能感受到愉快和熱情，並體驗到正向的情緒。*這是所有人都相當熟悉的一種感受，但在我們想跟別人達成共識時，為什麼需要這麼做呢？這正是我希望在本章裡提出的一個簡單但重要的觀念：

如果我們心情愉快的話，與別人達成共識的過程就會意想不到地順利。

快樂可提高達成共識的機會

好心情不僅有助於營造更愉悅的氣氛，減少我們失控的風險，同時也是關係到合作能否成功的最重要因素之一。而且，保持好心情能讓當下每個人都可以皆大歡喜。

在我的研究當中，已經得到如上所述的明確結論，而且所有相關的實驗也都指向同樣的結果。接下來讓我用一個具體的實驗，來詳細描述。

有八十名學生被分成兩兩一組，每組學生的任務是要針對電視、吸塵器和打字機的售價達成共識。[8]對買方來說，電視的利潤最高、打字機的利潤最低。但對賣方而言則恰好相反：打字機的利潤最高、電視的利潤最低。因此，雙方要在這樣的差異認知上達成交易。

---

* 在這裡我有必要釐清一點：我們內心可以擁有正向的情緒，但針對我們想要的結果和處理爭議時的立場，仍然可以維持明確和堅定的態度。

在協商開始之前，一半的人被告知要錄製對話的卡帶錄音機無法正常運作，需要五分鐘才能修好。在等待的過程裡，研究人員給予他們一堆漫畫，要求他們分成兩類：一類是他們覺得有趣的漫畫，另一類是不那麼有趣的作品。研究人員還給了他們一本筆記寫重點，並告訴他們實驗結束後可以把筆記本帶走。

協商結束後，研究人員針對實驗結果以及實驗對象（學生）進行縝密的分析。結果並不令人意外：獲得整理漫畫和記錄筆記等額外任務的那一半人，認為自己在跟別人進行實際討論時，比另外一半的人更快樂。不過，這還不是最令人震驚的觀察。結果發現，那些心情愉悅的人遠比另外一半的人有更高的比例達成共識。而且，快樂的學生不會輕易陷入毫無意義的爭論當中，他們發現雙方更容易達成彼此都滿意的協議。

以下，我將藉由陳述相反情況發生時可能會衍生的狀況來解釋，而所謂的相反情況指的就是心情不好的狀態。

壞心情，讓人生變黑白

壓力過大與心情不好會導致的壞處，跟前一章談到的大腦運作方式息息相關。這正是爬蟲腦開始接管我們思維的時刻，會以各種不同的形式呈現出來。以下列出心情不好的五大壞處，會在我們跟別人合作的過程裡，招致糟糕的後果。

壞處一：看不到更多的替代方案

美國北卡羅萊納大學的芭芭拉．弗雷德里克森（Barbara Fredrickson）教授曾進行一項實驗，她將人們分成三個不同的小組，並讓每個小組觀看影片。[9]第一組人看的是會讓他們感到害怕的短片，第二組人看的是會讓他們激發正向情緒的影片，第三組人則看了一部平淡的影片，既不會引發負面情緒，也不會激起他們的正向情緒。

隨後詢問每個參與者：「在碰到某種狀況應該採取什麼樣的行動？」的問題，研究人員給了他們一張有著二十空行的紙張，最上面寫著：「我會〇〇〇做。」

結果顯示，與其他二組人相比，觀看恐怖電影的那一組人給出的建議最少。

壞處二：會誤判情勢

有一群研究人員在打電話詢問人們生活滿意度的某項實驗裡，發現到一個有趣的結果。[10]他們分別在雨天和晴天打電話，結果發現，跟那些在晴天接到電話的實驗對象相比，下雨天接到電話的人對於自己生活的滿意度要低得許多。這些人可說是犯了一個錯誤，就是他們無法分辨哪些是一時的情緒，哪些才是事實。

另外，有研究人員來到一座山腳下，請一群登山民眾猜測這座山有多高時，也得到了相同的結果。那些聆聽悲傷音樂的人所估計出的高度，會比實際高度高出許多。事實上，那些在山腳下揹著特別沉重背包準備登山的人，猜測的結果也同樣錯得離譜。

壞處三：心胸會變得更狹隘

如果我們心情不好，就有可能陷入見樹不見林的窘境。換句話說，我們會變得無法用更廣闊的視角來看事情，也就因此無法縱觀全局。

在某個實驗裡，參與者必須盯著一幅不尋常的畫作看十五秒鐘（那幅畫是一副非洲面具）。[11]接下來他們是要解釋它實際的含義，並且必須根據記憶重現那幅畫作。隨後當研究人員分析這些塗鴉時，他們可以清楚地發現，跟心情較好的人相比，心情較差的人比較難看出畫作的真實含義。那些心情不好的人會過度專注在細節上，因此導致整體圖像變差，而且畫出來的塗鴉跟原始畫作也比較不相似。

壞處四：會增強好勝心

在台灣，有三位研究人員在十二天裡針對兩百多名實驗對象做研究，向他們描述各種類型的衝突，並記下他們對於衝突的看法。[12]同時，每天所有實驗對象的情緒也會受到監測。研究人員可以確定的是，參與者的心情愈差，他們就愈容易把不同的情況都視為「贏家」和「輸家」的對立，而且認為衝突都只是由其中一方引起的。換言之，當他們心情變糟時，贏家思維就會變得活躍。

壞處五：心情不好是會傳染的

在加拿大進行的一項實驗裡，要參與者觀看一段短片，片中會出現各種面部表情，有開心的、生氣的、悲傷的，或是表示厭惡的表情。[13] 看完這些面部表情幾秒鐘後，研究人員會請他們試著描述內容。實驗對象並不知道自己也被拍攝，而研究人員可以清楚看到這些人會不自覺模仿他們看到的面部表情。而且，短短幾秒鐘間，他們本身的情緒也變得跟影片中人表達的情緒一樣。

如果我們心情不好，會因此引發一連串的連鎖反應；這意味著幾秒鐘後，眼前的人也會被我們的壞情緒影響。因此，如果我們看不到可能性、誤判形勢、心胸狹隘、一心想贏，那麼我們跟別人順利合作的機率也會降低。這就是為什麼在這些情況下，我們隨時觀照自身情緒是如此地重要。

接著，再來詳細了解一下，為何好心情會是我們的一大重要資產。

正向情緒的好處

一名無法做出正確診斷的醫生，對他所有的病患來說都是一大威脅。這就是為什麼在培訓醫師的過程裡，醫學院內經常安排角色扮演活動，以確保醫學系學生具備正確診斷能力的原因。

在活動裡，這些學生會拿到一份患者的病史，並得做出正確診斷。這需要一定程度的變通，否則一旦學生陷入對患者的第一印象，就無法再吸收新出現的資訊。一些心理學界的研究人員認為，跟合格的執業醫生進行相同的實驗會很有趣，[14]因為他們想要了解醫師的情緒會如何影響他們做出正確診斷的能力。

在找來一大票執業醫生後，研究人員將他們分為三組：第一組醫生在研究人員的刻意操縱下有著愉悅的心情，第二組醫生則在活動之前拿到一疊診斷報告，並要他們閱讀（這樣做當然不可能讓他們心情愉悅），而第三組醫生則沒有給任何特別的安排。接下來，研究人員讓這三組醫生進行跟醫學系學生一模一樣的任務：請他們閱讀一份患者描述自身病癥的病史報告，然後做出正確的診斷。

得出的研究結果證實，與其他兩組參與者相比，心情好的這一組能夠更快、更準確地給出正確的診斷。平均來說，這群快樂的醫生在閱讀完百分之二十的內容後，就做出了正確的診斷，速度是其他醫生的兩倍。

我之所以會對這個實驗印象深刻，不僅是因為得知快樂的醫生會帶來更準確的診斷結果，還有因為研究人員讓他們心情愉快的方法是：給這些醫生甜點！

換句話說，這些醫生不需要大幅加薪，或是得到前往全國最大醫院從事夢幻工作的承諾，就足以感到開心；他們所需要的，只是意外拿到的一袋令他們驚喜的甜點。

主辦這項實驗的研究人員知道，這份意想不到的禮物能夠讓這些醫生沐浴在幸福當中。這不是指傳統、令人通體舒暢的沐浴，而是指他們的大腦會分泌「多巴胺」（dopamine）。

多巴胺是一種神經傳遞物質（在我們的大腦中發送信號），它會因為許多不同的事情而分泌，例如有人讚美我們、幫我們按摩、給予任何形式的獎賞，或是服用某些藥物。

許多研究人員經常提到，當我們吃一些甜的東西，或是攝取容易被身體分解的碳水化合物時，多巴胺就會自動分泌，誠如前面的醫生實驗一樣。

好心情能讓人更聰明

一旦我們的大腦沐浴在多巴胺之中，就像是「理智腦」的潤滑劑，讓理性思維變得更加清晰。因此，我們突然就會變得更理智、更精明。在心理學界，這被稱作是正向情緒的「擴展與建構理論」（broaden-and-build theory），說明了當心情愉快時，我們為什麼會突然間獲得「更廣泛」的覺知和「建構技巧」。[15]

所謂「更廣泛」的覺知，指的是我們可以吸取資訊、做出更多更好的決定。所謂的「建構技巧」，意味著我們有辦法從事一些未獲得幸福感之前做不到的事情。

如今，研究人員發現，心情好不僅會讓我們變得更精明、更理智，它還會帶來許多益處，像是：

- 變得更樂於助人。
- 變得更有創意。
- 目光不會變得狹隘。
- 更善於解決問題。
- 變得更加靈活。
- 更能做出更好的決定。
- 更善於調適壓力。

- 善於理解別人。
- 善於解決社交衝突。
- 做出更有效的腦力激盪。
- 減輕壓力和擔憂。

一旦我們跟別人合作時能夠具備這些技能，就能掌握極大的優勢。我們不僅會變得更加精明、更理智，社交能力也會隨之提升。

這些技能是成功創造「皆大歡喜」的重要因素，因為好心情會使我們更有理智、更加精明，進而得以改善現況，讓我們有機會做出理想的決定。此外，這些技能至關重要，因為它們為我們提供了最好的狀態，讓我們以特定方式與別人回應互動，創造正向的經驗以攜手前行做出決定，最終令每個人都感到滿意。

那麼，現在只剩下一個問題，就是當我們跟別人碰面時，如何才能讓自己沐浴在這麼棒的多巴胺裡呢？

啟動正向情緒的開關

多年來，研究人員一直在分析，怎樣才能使人們更快樂、心情更愉悅。最常見的幾個建議是：我們應該要有充足的睡眠、多運動、多花時間待在戶外、進行冥想、培養人際關係、以及融入自己所處的社會。

這本書的主要目的不是教你如何變快樂，也不是教你如何找到人生的意義，而是教你如何與他人更容易達成共識，因而擁有更好的生活品質。這意味著我們需要方法和技巧，來幫助我們實現特定目標。

舉個簡單的例子吧！一分鐘後、一小時後，或是明天你可能就會遇到下面的狀況：要跟某個想法立場和你完全不同的人會面，你發現，要在你們之間找到一條共同前進的道路，將是困難重重。

第一個方法是你每天都要做的，好好補充你的能量庫。

訣竅一、維持適當的葡萄糖水平

研究已經證實，葡萄糖有助於提高大腦的多巴胺水平。如果我們血液裡的葡萄糖含量太少，那麼我們會更容易受到「談判疲乏」（deal fatigue）的影響，這意味著我們會更容易放棄達成協議的意圖，而且會大幅提升做出錯誤決定的風險。

此外，任何形式的自我控制力都會消耗我們體內大量的葡萄糖。不妨想想當你錯過午餐或點心後，又遇到某人說了一些不中聽的話，你會有什麼感受？這就是為什麼在跟別人達成共識前，我們無論如何都要維持自身葡萄糖，即血糖要在一定的水平之上。

但可惜的是，享用足以讓前述醫生開心的一袋甜食並非理想的方法；畢竟從長遠來看，純糖會導致血糖值的大幅波動。最理想的辦法是透過規律的進食，以確保我們血糖維持一定的水平，而且攝取的食物要能夠維持血糖穩定，進而讓我們心情保持愉悅。*

英國阿斯頓大學的研究員麥克・葛林（Michael Green）主要在研究食物如何影響我們的行為，他指出，大腦若要發揮最佳功效，血液中理想的葡萄糖值要落在二十五公克左右，相當於一根香蕉。

在這裡，我必須先鄭重說明，這完全取決於你面臨的實際狀況。假如你得知十分鐘後要與老闆碰面，或許一根香蕉、一個三明治會是你的最佳選擇。但假如你早就已經知道，明天一早要跟某個同事見面、討論問題，那麼今晚睡個好覺、明天吃頓營養早餐才是上策。

此外，研究也顯示咖啡能夠提高實驗對象的葡萄糖水平。因此，當你要跟青春期的兒女討論零用錢時，或許值得你多花點時間為他準備好一杯茶或咖啡。

訣竅二、建立快樂公式：「好的，謝謝你，真美，太棒了，真好」

如果有辦法在我頭上安裝一台ＭＲＩ（磁振造影檢查儀，一個如圓麵包般的大型磁鐵，可以拍攝到大腦神經系統的變化），並且同時給我看一張寫著大大的「不行」字樣的卡片，相信你們會看到我腦中壓力荷爾蒙大量分泌，以及杏仁核激烈活

＊營養暨健康相關的研究證實，肝臟能夠從我們攝取的食物裡自行製造葡萄糖，而所謂的酮體也跟葡萄糖具備相同的功效。在這裡就不多做詳細說明，因為要實現這個目標，必須先進行長期且全面的飲食改變。

動的模樣。[16]當這種情況發生時，我會馬上變得不那麼理智、心胸也沒那麼寬闊。倘若壓力持續增加的話，我將會逐一喪失所有我先前描述的寶貴技能。

如果反過來，是我清楚大聲地說出「不行」，會怎麼樣呢？那麼，你可以在與我對談的人的大腦裡看到這些負面的影響。可見我們說出的話，效果是多麼地強大。

因此，如果我們對某人說：

「我對你**極度失望**。」

「我**無法接受**你所做的事情。」

等以上的話語，這無疑會引發壓力情緒的大量分泌，同時在我們自己和聽到這些話的人的大腦裡都能看得到。同時間，我們整個心智結構也都會受到影響。

提出「擴展與建構理論」的芭芭拉·弗雷德里克森教授主要研究語言和思想如何影響我們的心智活動。她不僅發現我們的大腦會受到言語的影響，而且對於否定字眼和訊息的反應，比對於肯定字眼和訊息的反應還要強烈。因此，她一再強調重複正向話語和訊息的重要性。*

在著作《改變大腦的語言力量》（*Words Can Change Your Brain*，中文暫譯）裡，研究人員安德魯・紐柏格（Andrew Newberg）和馬克・瓦德門（Mark Waldman）也發現到，如果我們在腦中想著充滿正向的字眼，就足以啟動大腦的理智部位，進而讓我們更加平靜、更加理性。

因此，我通常建議大家創造一個專屬自己，至少包含三個正向字眼的快樂公式。一旦有了這樣的公式，在跟別人碰面之前，我們就可以事先利用它來強化自己。我的快樂公式是：**「好的，謝謝你，真美，太棒了，真好」**。（為了保險起見，我的公式裡有五個正向字眼！）

總之，你至少放入三個特別有感的字眼，形成一個正向氛圍。你不妨選擇一些讓自己感覺開心的字眼，像是：「愛」、「好玩」、「真好」、「派對」、「大笑」等任何你覺得合適的字眼。

＊在本章裡，我們關注的焦點是短時間內如何在特定情況下改善情緒。如果你想要長期改善情緒，依照芭芭拉・弗雷德里克森教授進行的研究指出，「慈心禪」（Loving-Kindness form of meditation）可以幫助你達到這項目的。同時，這些正向技能也會變成永久的習慣。

然後，你得在腦海中反覆播放幾次這個形同廣告金句的公式。當你這樣做的時候，便會發現一股正向情緒立即籠罩全身；而這正是你需要的。

訣竅三、瞇眼微笑

我有位教師同事叫做麥茨。他在當老師之前，曾經開過一家小型的房地產公司。他告訴我，某天有位員工去他辦公室，跟他說全公司上下都認為他們的工作場所出了問題。麥茨聽了當然想要找出問題所在，好設法解決問題。但令他驚訝的是，他聽到的回答竟然是：

「你就是問題所在。」

這完全不是麥茨期望聽到的答案。不過，他秉持著就事論事的心態詢問對方，希望了解實際發生什麼情況。他的員工表示，辦公室裡的每個人都感覺到，每當麥茨一早進入辦公室時，整個氣氛瞬間變得陰鬱。他說麥茨看起來特別不開心，至少早上都一副不太開心的模樣。

麥茨從聽完消息的震驚中迅速恢復之後，他決定努力解決這個問題。他做了一些研究，接著聽從建議去找專業的肢體語言教練。在第一堂課裡，麥茨得到了一項具體建議。教練告訴他，改善辦公室氣氛的最好辦法，就是在踏進公司前先微笑。但這個微笑不能是隨隨便便的一個普通笑容，而是必須**牽動眼部**的一個微笑。*

我這位同事當然覺得這方法聽起來太簡單了，不過，他還是決定完全按照教練給他的指示嘗試看看。

第二天早上，麥茨站在辦公室大樓的門前，做了教練給他的指示：展現那個神奇的微笑。接著，當他跨進大門之後，他的感覺變得完全不一樣：單純感覺到自己變開心了。他決定接下來幾個星期都持續進行同樣的步驟，看看是否真的會產生什麼效果。

幾天過後，最初把問題告訴麥茨的員工又來了，告訴他一些同事開始感覺辦公室的氣氛變好許多：員工們認為，如今每天早上當麥茨踏進辦公室時，整個室內的氣氛有了改善，是一種正向的鼓舞，而不再像以前那般負面低落。

* 心理學家稱為「杜鄉的微笑」（Duchenne smile）。

麥茨告訴我，他不僅在公司裡的其他時間裡持續這樣做，甚至在所有其他情況裡也繼續使用這個方法。

當我第一次聽他說這個故事時，不得不承認我一度在想：「真的有這麼簡單嗎？」但事實真是如此。重點在於你的微笑必須牽動到眼部周圍的肌肉，這樣一來，你的眼睛才會看起來很開心。

最棒的是，這種反應完全獨立於其他人或外在因素。當我們用眼睛微笑時，只需要零點零一秒的時間，我們就能沐浴在多巴胺之中、心情變好，而且轉眼之間，我們就能變得更理智、更精明。

然而，問題是我們要如何達到這個目標，畢竟我們不是隨時隨地都能產生想笑的心情。

刻意微笑，也能帶來快樂

好消息是，無論微笑是自然發生，或是刻意做出來的，其實並沒有任何區別。研究證實，兩者的效果都是一樣的。

在一個著名的實驗裡，參與者在研究人員的協助下做出刻意的微笑，看起來就像是瞇著眼睛的微笑。[17]所謂的協助，是讓受測對象用牙齒咬住一支筆，這意味著他們的表情會變得誇張，同時還牽動到他們眼部周遭的肌肉。

接著，研究人員對實驗對象進行了兩項測試，這是通常用來測試，並確認某人是否沉浸在多巴胺之中的測驗。首先，實驗對象必須看一幅漫畫，並說出他們認為的好笑程度。然後，他們又得將手放進冰到不行的冷水裡一分鐘，同時測量他們的壓力水平和心跳頻率。*

研究結果顯而易見。那些把筆咬在嘴裡的人認為漫畫比較好笑，而且他們從冷水經歷中恢復的速度也比對照組來得快。

這提供了一個很重要的見解：即使我們依靠一點外部協助才順利做出完美的瞇眼微笑，但還是能真真切切感受到多巴胺的大量分泌。因此我們能變得更加理智，

---

* 韋恩州立大學的兩位心理學家有不同的看法：他們想知道，能否從收藏卡上的棒球運動員有無露出微笑，來預測出他們的壽命。在檢視完一九五二年以來兩百三十張棒球收藏卡後，研究人員可以確定：那些在照片裡展露「杜鄉的微笑」的球員，比不笑的球員平均多出七年的壽命。

並且獲得一些可貴的技能，這都是決定我們跟別人會談結果好壞的重要因素。

做出瞇眼微笑的祕訣

如何才能做出真誠的瞇眼微笑呢？像我經常使用的一個方法就滿實用的。當我們需要展露瞇眼微笑時，不需要往嘴裡放東西，而且在幾乎任何你想像得到的情況裡都能派上用場：

首先想想最近令你感到開懷的事情，或是你非常喜歡的人。在回憶的同時，以一個淺淺的微笑外顯出來（從你的眼睛周遭開始，接著微微揚起嘴角）。

我可以確定的是，當你微笑時，會感受到一股正向情緒的暖流穿透全身。那是一只簽收證明，證實你為自己洗了一趟幸福沐浴澡。而且，肯定還會感受到這種正向情緒在你全身上下高速流竄的過程。

由於你常會在不經意的狀況下實行這個方法，因此做不了幾次，你就會發現自己已經將它內化成習慣。從今而後，這種瞬間變理智的便攜式通用方法，就能隨時隨地運用。

達爾文和杜鄉

生物學家達爾文是最早研究各種面部表情重要性的幾位專家之一。一八七二年，他寫了《人與動物的情感表達》（*The Expression of the Emotions in Man and Animals*），書中談及各種不同類型的面部表情，以及人們是如何看待它們的。

在這個領域裡，達爾文與法國醫生杜鄉合作。杜鄉利用電極使實驗對象的臉部肌肉收縮，模擬出人們微笑時會實際發生的動作。他總結道，當我們真正微笑時，會牽動兩組不同的肌肉。第一組在嘴巴周圍，負責控制嘴角。杜鄉發現，若是我們只牽動這組肌肉的話，並非真正的微笑，而只是嘴角上揚。

杜鄉指出，真正微笑與假意微笑之間的差別，完全由眼部周圍的肌肉決定。這些肌肉具有伸展組織的能力，有時在我們微笑時，能夠在眼睛周圍擠出細紋。杜鄉將這種牽動眼睛周圍肌肉的微笑稱為「歡樂的微笑」（the smile of joy）。

最近幾十年間，研究人員已經能夠證實達爾文和杜鄉的結論確實非常準確，他們的研究成果可說是我們今日名為「面部回饋假設」（the facial-feedback hypothesis ）的前身。根據這項理論指出，面部表情不光是情緒的外顯結果，我們的面部表情也可以反過來創造出一種情緒。

如何維持正向情緒？

一旦我們心情變愉快，接下來的重點就在於要如何保持下去。正如你在第二章所讀到的，最大的威脅是杏仁核：因為一旦杏仁核啟動，我們的正向情緒就會消失，也會開始失去先前我所描述的各種可貴技能。研究證實，我們不但會對對方的需求做出錯誤的猜想，還會錯失達成有效共識的機會。[18]

它之所以帶來這麼多的壞處，主要來自於兩大情緒衝動，我們不得不謹慎防範：

一、生氣或是不爽。

二、反動貶低（reactive devaluation）。

我們大多數人或許都很熟悉「憤怒」的情緒，而且現在應該也知道它們為何會妨礙我們保持理智、無法讓我們專心尋求解決方案。至於「反動貶低」，則是談判研究裡的一個概念，你之前可能從未聽過。在這裡，容我用一個簡單的例子做說明：

假設有兩個人正在討論公司獎金制度該如何規畫。其中一人說：「或許我們可以引入一種有利於合作的集體制度形式。」

另一人想都沒想就立刻回覆：「那可能會超級困難，我們怎麼會知道……？假如有人在我們之前離開，你認為這要怎麼運作……？若是……的話，我們又該怎麼辦？」

所謂的「反動貶低」，是一種本能反射的負面反應：在對方提出創見的當下直接做出貶低的回應。研究指出，如果我們想要找到令雙方都滿意的解決方案，那麼這種行為將會是一個大問題。[19]

接下來的內容裡，我會描述在遇到別人出現這種行為時，我們該如何處理。假如我們本身就是負面回應的那個人，也需設法來戒除自己的這種行徑。好消息是，無論我們遇到上述兩種衝動的哪一種，它們的解決方法都是一樣的。

火冒三丈時告訴自己S. T. O. P.

在寫這段文字時，我想起自己上次運用這項技巧的時間其實就在昨天。因為在曼徹斯特為了要等除冰車來處理飛機，使得我的班機到半夜才飛抵斯德哥爾摩阿蘭達機場，所以錯過了最後一班火車。

我之前就碰過幾次這類的事件，我的解決方案是去機場旅館過夜，簡單向他們解釋發生的事情。如果他們有空房間，幾乎都會給我比較便宜的價格。畢竟三更半夜有人預訂房間的機率很小。昨天，當我拖著疲累身軀來到櫃檯時，我先是設法克服疲憊的感覺、努力做出一個希望別人看起來像是瞇眼微笑的表情，接著才開口：「你好！我的航班延誤了。我想請問今晚你們有沒有便宜的房間可以入住？」

櫃檯後面的女士心不在焉地抬頭回答：「便宜？我們沒有便宜房間哦！我們的房間都要價二千克朗（折合台幣約六千兩百元）。」

在我疲憊不堪的大腦聽到這些話的同時，我感覺自己嘴角的微笑正逐漸消失，連同我努力維持的正向情緒也一起消退。假如當時我的大腦有連結到某個實驗室的電腦，我相信所有的測量結果都會指向一個結果：我的杏仁核已經開始運作。

如果在這個時間點，我開口指責這名女士，跟她說這是我第一次碰到拒絕給我這類折扣的飯店，相信你我都猜得到事情會演變成什麼樣的結果。

不過，我並未那麼做，反而採用了一種極為簡單的衝動控制方法，我稱它為S.T.O.P.。

當時我先暫停一會兒，站在接待櫃檯前做了幾個深呼吸，體會一下身體的感覺，從而發現自己正在「生氣」。這麼做的效果非常直接了當，不過短短幾秒鐘的時間，我就開始感到一絲鎮靜、變得比較理性。當我設法克制住自己不太具建設性的衝動和批評後，便快速想到一個或許可行的應對說法：我跟她簡單閒聊了一會兒，談到飛機延誤是多麼讓人困擾，最後我拿到了一個不錯的房間價格。

「停下來」能創造緩衝的空檔

下次當你跟某個觸發你情緒衝動的人講話，讓你忍不住想開始吐槽對方提議，或是準備發飆時，不妨以下列方式做出回應：

Stop：當你感覺一股衝動或情緒上來時，停在你所處的當下。

Take：做幾個深呼吸。

Observe：觀察此刻你身體的感受，並替那股衝動或情緒命名，例如：「我很生氣」（或是煩躁、沮喪之類，任何能夠精確描述你感受到的情緒），或是「我想要吐槽這項提議」。

Plan：計畫並思索接下來的應對方式。

實際上，只需這麼做，就能夠讓我們的杏仁核放鬆，進而減輕這股衝動。當你真正這麼做，也就是深呼吸幾次、並賦予當下情緒一個名稱時，會發生一件事：在你的感覺以及即將說出的話語之間，你創造了幾秒鐘的空檔。

儘管這個空檔沒有很大，但通常這樣就夠用了，足以讓你想出一個順利延續談話的方式，而不受到爬蟲腦的控制；就像我昨晚在旅館接待櫃檯做的一樣。

將情緒標籤化能讓人冷靜

為什麼這麼簡單的方法會如此有效呢？它不過就是讓你做幾個深呼吸，替情緒的衝動起個名字嘛！可是，當我們都能做到這兩件事，它就是格外有效。

現在讓我來解釋一下原因。加州大學洛杉磯分校的心理學教授馬修・李伯曼（Matthew Lieberman）發現，一旦我們說出自己當下的感受，就會變得比較冷靜，進而讓杏仁核安定下來，這就稱為「為情緒貼標籤」（affect labelling）。

李伯曼和他同事利用腦部掃描儀進行了一項實驗，他們讓受測者觀看一些看似生氣或煩躁面孔的圖片。[20] 事實證明，光是觀看照片，就足以觸發他們的杏仁核。

但實驗並未到此結束，李伯曼和他的同事又進一步要求受測對象將他們在圖片裡看到的感覺寫下來。這時，杏仁核的活性突然降低，研究人員們反而偵測到大腦最前側的理性部位開始變得活躍。

為何會這樣呢？根據研究人員總結得出的說明十分簡單且合乎邏輯：**當我們替某個衝動或情緒命名時，會把本來存在我們內在的事物，轉變成一個可以從外部觀**

察的事物。

當情緒的強度減弱後，我們因而有更多的空間足以運籌策略。此外，該研究還指出，如果我們**同時做幾個深呼吸，效果會更強**。[21]因此，當你下次遇到同事、老闆或鄰居提了某個建議，或是以其他方式挑戰你的好心情時，不妨試試這個方法。我相信，當你嘗試幾次之後，你會跟我一樣輕鬆上手。

現在，了解到穩定的葡萄糖水平對我們的心理活動多麼重要，學到了快樂公式、瞇眼微笑的魔力，以及簡單但有效的衝動控制方法，那表示我們已經充分準備好要迎接下一步。

當我們準備好要跟某人正式會面對談之前，可以先思考一、兩分鐘。現在就進入步驟二吧！

本章重點

- 要與別人達成共識，保持正向的情緒是最重要的成功因素之一。當我們心情好的時候，會變得比較聰明、更富創造力、更善於解決問題、並且能夠更輕易解決社交衝突。
- 背後的因素在於我們的大腦會分泌多巴胺，進而啟動大腦的理性部位，這是上述所有功能得以順利運作的地方。
- 我們可以透過各種不同方式在自己的大腦裡創造出「多巴胺沐浴」，像是吃一些足以提升血糖的食物、反覆默唸充滿正能量的話語，或是做出瞇眼微笑，這些都是經過科學驗證的有效方法。你或許早就已經在使用這些方法，只是沒有意識到這一點而已。

小叮嚀

- 下次當你要跟某人協商時，請不要餓肚子赴約；試著在腦海中重複你專屬的快樂公式；在開始之前做個瞇眼微笑。在談話中這樣做都可帶來正面的影響。
- 下次當你想要吐槽某個提案，或是感到煩躁或沮喪時，請練習S. T. O. P.方法。即使處於壓力很大的情況下，你也能體會到「衝動獲得控制」的感覺。

第四章 步驟二：深思熟慮

三思而後行；說話前則要三思再三思。

——托馬斯．布朗（Thomas Browne）

現在，回想過去一個你曾試著與某人達成協議的場景，你能否回憶起開始對話之前的情緒感受？在敲對方門之前，你是否先獨自靜坐一分鐘，思考自己要說什麼？還是簡單做了幾個深呼吸？

我先前在許多場合問過上述的問題，並總結出三種常見的事前準備方法。

第一種方法是，你希望沒有人會生氣，儘管你知道你們對於重要的事情抱持不同的看法。如果你希望能避免衝突，風險就是你本身的需求終究無法獲得滿足，或者你可能會避免說出內心真正重視的事情。

第二種方法更加果斷：你認為這是攤牌表態的好機會，讓對方知道誰才是老大。原因可能是你剛才看完某封電子郵件，或者透過其他方式得知某個不太開心的消息。也許只是在談話之前，你腦中的某些想法讓你開始感到煩躁不安。

還有第三種方法：單純希望事情能夠順利進行，依照它們應有的脈路自然發展。不幸的是，這樣的策略意味著你會很容易被另一個人牽著鼻子走，說出一些不是你原本想說的話，事後你會想：「天呀！事情怎麼會演變成這樣？」

在幾年前的一個研究計畫裡，我負責總結二十年內在協商研究領域裡進行的數千個實驗。當時我發現到，成功的重要因素不僅是事前的準備，還要以正確的方式思考，並且採用正確的方法。22

如何讓買家與賣家都能皆大歡喜？

在課堂上，我經常進行一項我最愛的實驗，它能清楚表明事先做好準備的重要性。該項實驗是這樣進行的：

我讓兩個人面對面坐在椅子上，指示他們針對某項商品的交易進行協商，進而達成協議，商品品項則由他們自行決定。扮演賣家角色的人會拿到一張卡片，上面寫著他預計售價的下限，以及他必須賣出的商品數量。另一個人（也就是買家）會拿到另一張同樣性質的卡片，只不過價格和數量跟賣家卡片上的數字不一樣。接著，我請他們開始協商。

通常不到幾分鐘，這兩人就會落入某種爭執，導致他們無法繼續協商下去，令我不得不中斷實驗；不然就是他們自己因為陷入僵局而先行放棄。會發生這些事情本來就在我意料之中，而整個實驗的重點就是為了展現這些狀況。

然而，實驗並未到此結束。之後這兩人必須另外準備十分鐘後，再次進行同樣的活動。最後，實驗對象本身和每位觀眾都意識到了一個簡單的事實：如果你有更多時間做好準備，協商過程會更加順利，雙方也更容易達成彼此都滿意的協議。

不過，光是把自己關在房間裡做準備，只是毫無方向地胡亂思考，這樣是不夠的。我們還得知道要如何思考，以獲取好的結果。至於要如何做足最佳準備，正是本章要談的重點。

整合各方的興趣利益，就能達成共識

跟別人會面達成協議之前，為了盡可能讓雙方滿意，我們應該把時間花在哪些最有效的準備工作上，對此，哈佛大學研究員做了相關的研究。在這裡，我將他們的方法精簡成兩個簡單的問題：

一、我們想要什麼？

二、有哪些替代方案？

這些問題著重於哈佛研究人員所說的「興趣利益」，以及將雙方或多方的興趣利益整合的各種創意方式，進而令每個人在協商結束後都感到滿意。[23]許多人認為，因為我們有著不同的利益，才使得一切變得更加困難，但事實上正好相反。通常，我們之所以能夠達成共識，是基於我們雙方都對同一件事物有興趣，但同時又對它的價值抱持不同的看法。例如電腦銷售員和你都對電腦感興趣，只不過你們對於電腦的價值持有不同的看法：銷售員對於八千克朗（折合台幣約兩萬五千元）的

成功實例：《大衛營協議》

一九七八年簽署的《大衛營協議》正是專注於雙方都看重的事物、將協議重點放在深層需求，而非表面需求的一個歷史例證。

當時埃及和以色列都宣稱擁有西奈半島的主權，因而引發衝突。繼一九六七年的「六日戰爭」（Six Day War）之後，以色列便一直佔領西奈，但自從法老時代以來，埃及就將西奈視為自己的領土。兩國曾多次嘗試重新繪製地圖、重劃西奈半島領土，但都徒勞無功，因為雙方都不打算放棄各自的立場。

然而，當兩國開始把焦點放在對他們真正重要的事物上，談判便出現了新的轉折。事實證明，以色列對於西奈半島的興趣主要在於國家本身的安全，他們不希望埃及的坦克車在距離以色列邊界這麼近的地區活動；另一方面，埃及看到西奈長久以來遭受多個強國（希臘、土耳其、英國和法國）的侵略，希望西奈能夠永遠納入他們的國土。

為此，美國總統吉米．卡特召開了一場談判，該會議是在美國國土境內的大衛營祕密進行的。最終，雙方找到了解決方案：埃及擁有整個西奈半島的主權，並將所有埃及軍隊從該地區撤出，埃及國旗得以在西奈半島的各個角落飄揚，但在靠近以色列邊界一帶則不會出現任何坦克車的蹤影。

這個歷史例證表明了跳脫膚淺表面需求是多麼地重要，同時也讓我們看到：當我們把焦點放在雙方真正看重的事情上時，就會出現皆大歡喜的結果。

興趣大於他對電腦的興趣，對你而言或許正好相反。因此，你們才有機會達成協議。

問這兩個問題的目的在於幫助我們擺脫膚淺的外在需求，轉而專注於內在深層的需求、以及真正在意的東西上，同時也因為考量到所有相關人員在意的事物，而列出各種替代方案，以利達成協議。

有了這樣的背景知識後，如今該是讓我們認真問自己第一個問題的時候了。畢竟這關係到一件非常重要的事情：那就是設法找出令雙方都滿意的東西。

問題一：我們想要什麼？

前段時間，我在電視上看到挪威億萬富翁，也是酒店大亨佩特・史托達倫（Petter Stordalen）的專訪。記者問他成功背後的祕訣是什麼。佩特回答：

「當我試圖與某人達成協議時，我會先努力確保我們雙方都很滿意。如果我們當中只能有一人滿意，我會盡力確保對方是那個滿意的人。」

該名記者看起來有些意外，便請他進一步說明。佩特表示，他的經營理念向來是讓身邊的人感到滿意，因為從長遠來看，這麼做能夠利己：他和對方建立了成功的關係。記者似乎並不全然信服，於是佩特接著說：

「訪談前一個小時，當我們見面時，你是否發現我的行為舉止有異於一般人的地方？」

記者想了幾秒鐘之後回答：

「嗯，有的……你一見面就先問我了一些問題，問我是誰，還問我的相關背景。之前，從來沒有人這麼做過。」

「正是如此，」佩特回答。「我之所以會這樣做，是因為如果我了解你是誰，以及你真正想要的東西，那麼我們就可能一同創造出很棒的訪談經驗。但如果我不知道你是誰，不了解你真正想要什麼，那麼我們絕不可能做到。事情就這麼簡單。」

從這次採訪裡，值得我們學習的就是佩特·史托達倫一貫的經營理念。透過對別人的好奇心、建立良好的長期關係，他創造出一個正向循環，一次又一次地幫助他獲取新的成功。

當我看到這個採訪時，我的嘴角上揚。佩特・史托達倫其實總結了本章的全部重點：**我們必須找出雙方真正想要的東西，否則將永遠無法達到一個讓彼此都滿意的局面。**

當研究人員將傑出的談判者和平庸的談判者做比較時，他們發現與平庸的談判者相比，那些一流的談判專家在思考雙方想要什麼的問題上，所花費的時間是前者的三倍。[24]

以下提供兩種思維方法，來幫助我們能找到真正想要的東西。

• 一句話法則

在我們與他人達成共識之前，是否有必要先釐清自己想要什麼，芝加哥帝博大學（De Paul University）的兩位研究人員對此深感好奇，進而針對其重要性做了一番研究。他們分析不同學科的多項實驗和研究文獻後，總結出這樣的結論：如果我們不好好思考自己想要什麼，那麼可能永遠都得不到它們。[25]

把自己想要的東西用一句話寫在紙上是非常有效的，我稱它為「一句話法則」。當我們用一句話寫下自己想要的東西時，就能：

- 讓對話更容易朝著正確的方向進行。
- 更容易對抗壓力。
- 更容易得到我們想要的東西。

就拿一個極其日常的例子來說吧！你覺得該是時候換車了，並想在eBay上找到一輛好車。你決定構思一個句子，精確概括出你想要選購車子的特點。這個句子或許看起來會像這樣：

我想要一輛安全可靠又便宜的汽車。

在你去選購二手車時，將這樣一句話寫在一張紙上，跟你心中只是抱持著「希望它是輛好車」或是「希望它不會太貴」的籠統想法，是完全不同的情況。

為什麼呢？首先，如果你能夠問正確的問題，涉及到你真正認為重要的內容，譬如可靠性，那麼你跟對方的談話走向將會完全不同。寫下這句話之後，你或許會比沒寫這句話時更用心閱讀「MOT汽車安全測試報告」，並針對裡頭提到的問題提出疑慮；你甚至可能會更仔細確認保養歷史紀錄。然後，即便在車主打開汽車音響向你展示絕妙立體聲效果時，你也沒那麼容易受它誘惑就產生動搖，進而忽略掉你真正看重的東西：可靠性和價格。

對任何人來說，生活裡總是充斥著各式各樣的事件和說法，誤導我們走入歧途。或許你老闆說出某個令你意想不到的升官職位，或是你的伴侶針對你原以為早已說定的假期旅行表達了一些不同的意見，而讓你感到措手不及。然而，一句話就能成為你的救星。

容我再用幾個例子說明吧！假如你要出售你的公寓，你可能認為不只是價格非常重要，你還希望能夠快速賣出。這時，你可以寫出像以下這樣的句子：

> 我希望我的公寓能夠以高價售出、並且能夠盡快賣掉。

非常好。當你隨後碰到某個非常感興趣的潛在買家，但他們卻提出要等三個月後賣掉自己所住公寓才願意正式交屋、搬進你的房子時，你就知道該如何應對了。所以不太可能發生那種晚上回到家以後深感懊惱，想著：「怎麼會發生這種事？我明明想要盡快賣出這間公寓。應該事先跟房地產經紀人說明這一點的，更不該在今天匆匆簽下合約的。」

又，假設你正要去面試一份工作，有很多事情對你來說相當重要，畢竟它關係到你的未來。因此，為了避免你忘記自己真正想要的東西，你寫下這樣的句子：

我想要一份收入不錯、又具有發展潛力的工作。

即便一開始的對話談到一年後你會拿到一輛多麼棒的公司配車，你也不會被這樣的話題牽著走。相反地，你或許會把話題引導到內部培訓的細節，以及該公司招聘經理的方式。像是高階主管對於提供給你的這份工作有什麼看法？從事這個職位的人通常待得久嗎？這是不是其他崗位的跳板？

最後，我再舉一個極為日常的例子：你即將跟親密伴侶商量聖誕假期的計畫。你隱約感覺到，每當討論到聖誕節食物、聖誕樹、禮物、以及何時該去哪裡的這類細節時，你們之間的氣氛總會變得有些緊繃。然後，你會覺得：「天呀！我怎麼能把這些事情看得那麼重要、反而任由它破壞美好的氣氛呢？」

在進行這樣的討論時，寫出這樣一個句子將對你有所幫助，它會提醒你什麼才是你最看重的事情。你可以這麼寫：

在聖誕假期裡，我想要盡量多花時間跟我的伴侶在一起。

隨後，當你們的談話開始針對聖誕節火雞的大小、以及對由誰做什麼事情有異議時，你將會抱持完全不同的態度。這時，你的這句話就是你的方向舵，同時也是你的錨。你可以在對話過程裡暫停一會兒，思考一下什麼是你真正看重的事情，那就是「彼此相處的時光」，因此就不會和對方為其他瑣事而起不必要的爭執。

這是一個簡單卻很有效的方法，得以幫助你釐清想要什麼，並有助於掌握你們之間的對話。另外藉由一**分鐘法則**，你可以同時處理兩個層面：除了處理立體聲音響、聖誕節火雞、價錢等周遭需要你決定的所有細節之外，不至於忽略掉那些你最看重的事情。

既然我們已經構思好自己真正想要的東西，如今該把注意力轉到對方身上了。

・一分鐘法則

讓我先回到佩特・史托達倫的採訪，他為什麼要在採訪前問記者問題呢？他之所以這麼做，正如他本人描述的，他對別人感到興趣。因此，他看待別人的方式，會影響他接下來與對方會面時的行為。

這也是為什麼我前面提到的那位經驗豐富的人質專家，在談判前會先暫停一下子，想像他自己跟人質劫持者處於一樣的境況，並藉由這樣的方式，加強他本身的同理心。你也可以在任何一個情況下採取同樣的方法；接下來，我會針對這個方法進一步詳盡說明。

首先，問自己一個問題：「對方最看重的是什麼？」當你問完這個問題後，會發現短短幾秒鐘的時間裡，就能感受到某種強烈的情緒，因為你已經開始好奇想知道，從對方眼中看到的世界是什麼模樣。當你感受到這股好奇心時，便會知道自己已經成功了；這就是重點所在。

如果你已經藉由這樣的方式激發起自己的好奇心，那麼它將會透過你的眼神和肢體動作展現出來。接下來提出的問題將會引導對方說出他的故事，而不是一心只想要超越對方，你會以完全不同於以往的方式來傾聽。

利用重要事項清單，列出雙方的需求

「我打算做一場不太一樣的演說。」有位男士在一堂「在職場上如何與其他人達成共識」的課程中起身發言，這是他的開場白。幾年前，他創辦了一間開發應用程式的公司，目前已有五名員工。身為行銷經理的他，今年要負責籌辦一年一度的年終之旅，他擔心這將是個挑戰。

他繼續說道：「每年我們都會一同出去旅行，大家一起發揮創意、盡情玩樂、討論新的想法。但問題來了，在出發旅行的前一個月，我們開會決定要去哪裡，每個人各持己見。爭到後來，大家都不開心。」這位男士嘆了口氣說：「有人想去大城市旅行，有人想去滑雪，而另外一人只想躺在海灘上喝瑪格麗特調酒。」

我們聽完他的話之後，腦中立刻想像出有群創意十足的年輕人，他們認為這次旅行的樂趣就跟會議本身同樣重要。這時，這位男士露出詭異的笑容，彷彿要給我們這些聽眾一個驚喜。他說：「我決定要來測試重要事項清單的效果。」

上這門課程的每位學員需要實際演練他們所學到的東西，因此他決定在他同事身上實行「重要事項清單」。這份清單上頭會清楚列出我們以及其他人看重的事情。而這位行銷經理向我們展示了他製作的簡易清單，上面列出他認為每位組員各自看重的事情。

「當我來到酒吧參加這場下班後的會議時，一切都如往常。我們一邊談笑，一邊喝啤酒。」

這時，我打斷了他的話，問了一個問題：「你踏進酒吧時的感覺如何？」他回答說：「感覺很好。我覺得自己已經準備妥當，這是前所未有的感覺。」

如今，我們都非常好奇結果會是如何。他接著說：「整場談話非常不一樣。每個人原本都以為我們會跟往常一樣爭論不休，沒想到一切卻變得十分順利，大家討論著各種方案。最後，我們決定去倫敦旅行。」

為了向其他學員展示實際發生的事情，我又接著問：「你覺得重要事項清單有沒有影響到你跟同事會面時的舉動？」

「有！當我跟大家開始討論時，覺得自己說話的方式跟往常不一樣。我問了一些問題，而不只是在說話。我認為自己變得更會傾聽。」行銷經理暫停片刻，微笑地用眼神橫掃所有聽眾，並接著說：「彷彿有人在整個討論過程裡覆蓋了一層和平且富建設性的雲霧。一切都變得不一樣了！」

這位男士的故事並不令我感到驚訝，因為過去幾年來，我一直聽到類似的故事。年復一年，研究人員不斷強調事先以類似方式闡明情況的重要性，這也是哈佛大學談判研究中心長久以來的建議。至於在我自己的研究裡，則是簡化了這個方法，好讓我們隨時都可方便應用。

走出困境的全面性思考法

如果你在工作或私生活裡碰到某個格外重要的情況，這正是你製作重要事項清單的適當時機。它能幫助我們針對第一個問題找到獨特且全面的答案：「我們想要什麼？」

列出重要事項清單並不會比一句話法則，或一分鐘法則複雜。主要的差別在於，我們得在紙上寫出一個以上的句子。

首先要在紙張的中間畫一條直線：

接著，在直線的左邊寫下我們重視的事情，右邊則寫下對方在意的重點。這樣就完成了。

在我們使用這個清單時，它會改變我們的思維方式、態度，也會改變我們的行為舉止。接下來，讓我舉一個實際的例子來證明，這麼簡單的清單能夠帶來多大的好處。

實例：教案發想

假設你是一名中學教師，而教育部特別在今年課綱裡增加了一個新的要點：「二十一世紀的創業精神」。它不僅僅是一個口號，因為在最近的一次校務會議裡，校長明確指出它的重要性，並要求全校老師在課程當中融入企業家精神，以激發學生的創造力、主動性和創新思維。

你並非教學界的菜鳥；在你擔任老師的這二十年來，一直努力激發學生的素質。你也知道，如果將全部責任都交給學生，任由他們在沒有老師指導下自主學習、自行做研究，那麼結果將會是一票學生成天沉迷於電玩遊戲、無聊耍廢、甚至曠課不到校。

然而校長聘請了兩位新手老師。前幾天，你在開會時聽到其中一位名為伊娃的老師說，她不會採用「以教師為中心的老派教學方法」，她還自詡為「具有二十一世紀創業家精神的老師」。校長要求你和伊娃共同負責規劃下學期新的英語語言課程綱要，這正是你避之唯恐不及的最糟情況。你現在要面對的是一位剛從師範大學畢業的菜鳥教育者，自以為什麼都懂，卻不了解你們在學校裡實際面臨到的各種情況。譬如說，很多學生都沒有具備相關知識，仍無法完全掌握英語這門語言。

隨著跟伊娃首次開會的日子愈來愈近，你感到自己的心情愈來愈低落，因此決定試著列出重要事項清單。你拿出一張紙，在中間畫了一條線，開始思索對你自己而言最重要的事情。你得出的結論是：你最看重學生的知識和創造力，但同時還需要某種程度的架構來達到這兩項目標。於是，你在左邊寫下：

你	伊娃
知識	
創造力	
架構	

接著，你用花了幾分鐘的時間，思索對伊娃而言什麼是最重要的事情。你很快得出結論，伊娃應該也希望學生能夠學會英語並且富含創造力。只是你又添加了一項「獨立自主」，因為它是「以教師為中心的教學」的鮮明對比。因此，你在右邊寫下：

伊娃	你
知識	知識
創造力	創造力
獨立自主	架構

這時，看著這份清單，想想你釐清了什麼東西。給你一些提示吧！你剛才已寫出整個困境的全貌，這樣的概念極有可能影響到你、另外一人、你們之間的對話、以及你們兩人的討論結果。之所以會產生這些影響，全都起因於你剛才為自己帶來的眾多優勢。接下來，讓我們進一步細看有哪些優勢。

優勢一：可全盤檢視，進而構思出你認為最重要的事情

首先，你必須親自構思自己真正想要的東西。當你以清單形式寫下真正想要什麼時，你很有可能會一而再、再而三修改所寫的內容（這是一個好的徵兆），最後才得出一份對你來說真正重要的內容。

優勢二：幫助你看清全貌，看見你跟對方的共通之處

如果仔細查看上面的清單，那麼在你們針對英語課程進行討論之前，你就已經獲得了一項極為重要的見解：事實上，你贊同對方的程度遠超過你不贊同的部分。而日後你會發現，當你製作重要事項清單時，這將是普遍得出的結論。光靠這一點，就有可能讓你們的對話變得更順利。

優勢三：讓你更容易產生正向情緒

這個優勢跟下一個優勢是環環相扣的。當你看見彼此的共同點時，你可能會感到更樂觀、更正面。

優勢四：讓你更富創造力、更容易解決問題

當產生正面情緒後，你也會立刻變得更有創造力、更善於解決問題。你或許會自問，要如何才能讓雙方都對課程安排和教學方法感到滿意。你或許還會發現自己在教材裡放入的那些練習，其實也涵蓋某種程度的獨立自主性，同時又不會放任學生在完全沒有指導的情況下進行。

優勢五：讓你更容易從別的角度看待事情

此外，這份清單還會幫助我們跳脫以自我為中心的態度，進而啟動我們的鏡像神經元。如此一來，我們就更容易理解對方是如何看待事情的。

優勢六：讓你更富同理心

當我們能從其他角度看待事情時，也更容易展現出同理心，尤其在過程中出現情緒問題時，這會是一項很大的幫助。

優勢七：讓你自然而然產生更多的好奇心

當我們在寫清單右側時，通常感覺比寫左側自己看重的事物還要困難。我們往往不得不多加猜測，或是反覆推敲，這情況完全正常。實際上，這麼做會讓我們對對方真正看重的事情感到更加好奇，這跟一分鐘法則的原理是相同。

如今，我們可以看到重要事項清單、以及它帶來的優勢是如何影響我們的態度、思維，以及我們在實際對話中的一言一行。再者，截至目前為止，我所描述的各項成功因素：換位思考、同理心、正向情緒、好奇心，也都透過這份清單進一步獲得強化。下一章裡，我會在更詳盡描述好奇心的重要性。

問題二：有哪些替代方案？

如果我問你：「你們國家最會穿搭衣服的男人是誰？」給你十秒鐘時間回答，那麼我敢說，你肯定會倍感壓力。

相反地，如果我問你同樣的問題，但給你一個小時的時間，讓你待在一間可以使用電腦上網的房間裡，想必你會感覺好一點。因為你有一台可以上網查找資料的電腦，得以獲知其他人的想法，如此一來，你就會想到幾個適當人選，再從他們當中選擇一人做為答覆。

為何我們很難找到替代方案？

即使事實證明，替代方案可以帶來更好的決定，但在需要跟別人達成協議的情況下，我們卻往往很難找到替代方案。

第一個原因是，我們常常以自我為中心，過於專注自身的需求，以及自己想要的東西上。我們擔心，如果我們開始天馬行空思考，並且從另外一人的角度看待事情的話，會對自己有害，令自身的情況更加不利，而導致更糟糕的結果。

第二個原因是，我們普遍認為問題只有一個解答，因此使得尋求更多解決方案的想法變得壓力重重：「光是想出一個解決方案就夠困難的了，還要我們想出更多新的想法，門都沒有！」

第三個原因是，我們認為這是一場比賽，結果不是你勝就是我贏。在這種情況下，通常無法發揮創造力，因為這時的我們只會想著如何盡全力贏過對方。

研究清楚表明，以上三個假設全都是錯誤的，只會阻礙我們順利找到讓所有人都感到滿意的解決方案。

這跟你在和別人達成協議時會遇到的情況完全相同：你能想到的替代方案愈多，就愈容易找到讓雙方都滿意的解決方案。

那麼，我們要怎麼做才能想到更多替代的解決方案呢？我的建議是：

- 廣泛閱讀相關主題的資料。
- 利用Google搜尋。
- 與對方詳談（如果有機會的話）。

一旦這麼做，你會發現自己比一開始更容易找到更多的想法。當你心中有著更多替代方案時，一切都會變得容易許多。

如何讓不服管教的青少年好好聽話？

在我的演講中，我常以「不服管教的青少年」為例，用來說明跟某個超難應付的人達成共識時應該做的事情。*

當然我很清楚，並非每個人家裡都有青少年，像我自己也沒有，但這只是一個比喻，代表某個對世界有著完全不同看法，而且幾乎不可能跟他達成協議的人。這就是為什麼我想在這裡列舉這例子的理由。

那麼，假設我家有個名叫查理的青少年，他晚上打電玩遊戲的時間過長，我對此有意見。這個問題已經嚴重到讓我決定與他談談，告訴他我無法接受這樣的行為，並嚴正要求他必須減少玩電玩的時間。

這時，我當然可以直接衝進查理的房間，對他大喊：

「查理！我們不是已經講好了嗎？你到底什麼時候才會聽進我說的話？」

不幸的是，這樣的方法行不通：查理的杏仁核瞬間會啟動。

如今，我必須想出更多替代的解決方案，再來跟查理談。為此，我有必要向外尋求資訊，也就是我決定上Google搜尋。

事不宜遲，我立刻就上Google，輸入「青少年、電玩、玩遊戲時間長」來搜尋解決方案。短短幾分鐘內，我就獲得各方專家的看法，以及我們該如何處理的概略資訊。首先，我發現玩電玩遊戲並不完全是負面的，它還有助於提升英語語文和邏輯思維的能力，這倒是挺令人感到欣慰的。其次，對此解決方案我還獲得了一些建議，關於青少年如何可以繼續玩電玩，卻不會對他們學業或健康造成負面影響，像是：

一、把電腦放在我能看得到的位置，以便能看到他在玩哪些電玩遊戲。
二、訂立玩電玩遊戲的規矩（例如，回家作業已經寫完並且讓我檢查過），這比我單純讓查理停止玩電玩遊戲，還更能掌握他的學業情況。
三、跟查理討論他每週可以使用螢幕的總時數（包括看電視）。

做完這些研究後，我自然有更大的把握得以跟查理達成協議，這比我只是單方面認為所有電玩遊戲都不該玩還來得有效。而且，我愈早向他解釋、效果會愈好。

---

* 在現實生活裡，如果我們必須面對這樣一位青少年，會發現自己有點像是處於人質挾持的情況裡：我們成年人必須像警察一樣代表理智的一方，而且必須為談話過程中的雙方負起責任。更多內容請參閱第十章〈家庭篇——你的正向改變，就能影響全家人〉。

本章重點

☞跟與我們抱持不同想法的人交談，通常令人倍感壓力。在這種情況下，我們必須以客觀的方式思考，以增加雙方達成共識的機率。

☞以客觀的方式思考，就是透過反省、構思、進而寫下我們認為對於自己和對方重要的事物。

☞懂得深思熟慮，就能大幅降低我們忽視內在需求的風險；而且在彼此試圖達成令雙方都滿意的解決方案時，也能擺脫掉「以自我為中心」的最大障礙。

小叮嚀

- 當你要與某人達成協議時，先設法找出自己和對方都認為重要的事情。這時，善用一句話法則、一分鐘法則，以及製作重要事項清單，都能讓你們達成共識的機率大增。

- 在你跟某個想要達成共識的人見面之前，請先仔細思考、用Google搜尋相關資訊，然後盡可能想出更多的替代解決方案。

第五章
步驟三・建立連結

說服別人最好的管道是透過你的雙耳，傾聽他所說的話。

——迪安・魯斯克（Dean Rusk）

一九七二年九月五日清晨四點半，發生了一樁體育界永遠不會忘記的事件。八名來自巴勒斯坦恐怖組織「黑色九月」（Black September）的成員進入位於慕尼黑的奧林匹克村；當時選手村裡根本沒有任何安全措施，多虧幾位在城裡玩完準備返村又毫無戒心的美國運動員幫忙，這些全副武裝的恐怖分子得以翻牆進村，輕而易舉進入以色列隊員的住所。

這群恐怖分子高舉武器衝進一間公寓，嚇壞正在熟睡的六名教練和官員。在另一間公寓裡，他們捕獲了五名摔角選手和舉重選手。當一位摔角選手試圖抵抗時，遭到恐怖分子射殺，有兩人中彈身亡，隨即陷入一陣混亂。不到二十四個小時內，情況演變成以一場大屠殺結尾，導致十五人喪生。

隨後，德國警方飽受嚴厲批評，許多人認為他們的做法是導致整起事件以悲劇收尾的主要原因。評論家認為，德國警方採取的每一項行動背後都沒有任何策略可言，因此導致僵局發生；而當時的災難就是事實鐵證。在這起事件發生時，美國人正襟危坐地看著整個過程。一九八四年就要輪到他們主辦奧運會，而尼克森總統意識到，如果又發生類似的事情，會有怎樣的後果。這使得他下令美國警察總部採取措施，設法讓慕尼黑發生的事件不會在美國國土上重演。

那是一個專案的開始：ＦＢＩ制定了一套全新戰略來處理人質案件。透過與英國倫敦警察廳和許多研究人員的合作，ＦＢＩ發展出更能和平解決衝突的方法。[26]這套方法極為成功，ＦＢＩ大幅提高了每位相關人員爭取到理想結果的機率，就連人質挾持者通常也在事後感到滿意，即使在事件落幕時他們選擇了放棄。

如果我們也想要大幅提升與別人達成共識的機率，那麼這套方法非常值得我們一探究竟。我對此方法深入研究多年，從而做了一些調整，以便我們更能應用在平和的環境裡。儘管如此，基本原理都是一樣的；而這正是本章要談論的主題。

FBI教我的解決之道

幾年前，當我正在避暑小屋裡度假時，接到了一通意想不到的電話，是美國駐斯德哥爾摩大使館的一位FBI特勤人員打來的。他表示FBI希望我前往美國總部，向他們介紹我的研究。幾個月後，我在華盛頓的一間飯店門口上了他們的車前往FBI總部，位於華盛頓郊區森林裡一處名為「寬提科」（Quantico）社區裡。

當我見到他們的人質談判專家時，驚訝地發現他們竟然如此和善。就像多數人一樣，我腦中對於特務人員的印象就如同電影裡經常看到的那樣，有著鐵腕強硬的外表，跟人質挾持犯通電話時總是言辭犀利、狠勁十足，像布魯斯・威利那樣的經典風格。但我見到的那些人跟你所能想像到的強硬粗獷角色相去甚遠，反而恰恰相反：他們都是富含同情心的謙遜男女，讓人打從見面第一眼起，就很難不喜歡他們。不過，他們會帶給我這樣的感覺，實際上並不意外：因為他們每週都接受訓練，學習如何與陌生人建立良好的關係。

當我們需要與別人達成共識時，建立連結非常重要，這不僅是對ＦＢＩ特務人員，對你我也同等重要，原因主要有三個：

一、我們必須贏得「讓事情能正確發展的權利」

我們必須懂得創造出好的條件，讓眼前交談的對象能夠採納我們的建議和想法。我通常會用這樣的說法：「我們必須贏得讓事情得以正確發展的權利」，而這只能透過與對方建立良好關係來做到這一點。這正是為什麼人質談判專家的首要之務，就是跟人質劫持犯建立良好的連結，進而創造出最理想的潛在環境，最終讓對方放棄挾持人質。

有時候情況甚至會是即便對方內心願意接受你提出的建議，但除非你先跟他建立起良好的連結和關係，否則他不可能卸下心防接納你的建議。

二、交換彼此的想法，能建立良好的關係

一旦我們與某人建立起關係，開始信任對方，我們才更有可能談論自己，以及真正的需求。對方也是一樣。

為何在達成協議過程裡談論自己，藉此交換資訊會如此重要呢？我藉由一個實驗結果告訴你答案。在這個實驗裡，受測者會獲得以下指示[27]：

需針對「購買新車」一事達成協議。我方認為最重要的四件事有：維修保固、售價、交車日期，每年的稅金；會根據結果獲得積分。在開始之前，會拿到一張表格，上面寫著所有可能的協議，以及各項協議能夠獲取多少積分。主要任務是努力增加積分；但如果無法順利在二十五分鐘內和對方達成協議，雙方都會獲得零分。最後，整組裡面獲得最高積分的人將會獲得一千克朗（折合台幣約三千一百元）的獎勵。

在實驗當中，有特定幾對組合獲得以下的指示：他們可以透過問答的方式討論彼此想要什麼，藉此說出這四件事裡彼此認為最重要的部分。其他幾對組合則獲得另外一種指示：他們當中只有一方可以提出問題。另外，還有幾對組合被告知不得交換任何訊息。

結果清楚表明，那些能交換訊息的人比未交換訊息的人獲得更高的積分，而且也獲得更好的結果。此外，有一點相當有趣，非常值得一提：無論是只有一人提問，或是兩個人都可以提問，兩者並沒有任何的差別。

有提問的組合最終都能獲取很棒的結果，這正是本章的基本原則之一。

三、現在的保證，是未來建立承諾的基礎

當我們跟別人達成協議時，所做出的決定不僅攸關眼前，還會影響到未來。在劫持人質的案件裡，即使劫持人質者無法獲得書面保證，他還是可以放心地認為ＦＢＩ特務人員會兌現他的承諾。同時，ＦＢＩ也要非常小心，絕不能對劫持人質犯說謊；因為從長遠來看，這麼做會破壞他們與其他劫持人質犯建立關係的可能性。

同樣的事情也適用於我們的日常生活。即使我們無法每次都獲得保證，也無法每次都檢核對方說出的話，但我們還是必須相信對方事後會說到做到。倘若沒有良好關係做為基礎，我們就無法感受到這種安全感。

與人建立關係的三大祕訣

我們當然可以透過許多不同的方式來建立良好的關係，但在這裡談的是建立「穩固的關係」，有了這樣的基礎，才能讓我們可以跟不同觀點和議題的人順利進行會談。

那麼，怎麼做到呢？建立互信關係的最簡單方法就是提出問題，然後傾聽，再回答。英國研究機構「荷士衛」（Huthwaite）在研究成功談判者和不那麼成功的談判者之間差異時，發現兩者的最大區別在於：成功者提出的問題比不那麼成功的人還多兩倍，同時前者也會比後者花更多時間傾聽。[28]

但重點是，我們不能只是制式化進行提

舒適的環境也能增進信任感

在麻省理工學院史隆管理學院的一項實驗中，研究員約書亞・阿克曼（Joshua Ackerman）讓實驗對象坐在硬椅或是軟椅上，請他們完成一項任務：針對二手車的價格達成共識。坐在柔軟舒適椅子上的人會比坐在堅硬不舒服椅子上的人，展現出更加靈活的行為，也更容易找到解決方案。

從這個例子裡我們看到，當我們要跟別人達成協議時，感覺自己處於安全環境裡，並且感到舒服是多麼重要的一件事。基於這種信任所建立起的關係，是創造出安全感的極其有效方法。

問和傾聽回答就了事，必須要投入真感情、同理心，並且真心感興趣。因此，「**當我們展現出好奇心和理解時，便能建立令人信任的關係。**」

為何我們很難展現出好奇心和理解呢？問題在於我們太以自我為中心。在本章最後，我會更詳細描述那些充滿自我以及自我中心思維的對話，以及我們該如何避免這種行為。我想先說明一下，在我們與人相處的所有過程裡，為何好奇心會如此重要的地位。

祕訣一、展現好奇心

假設你的電腦發出一聲「叮咚」，接著收到了這樣一封電子郵件：

嗨，你好！

克里斯特和我週末去了巴黎，那裡真是美得令人難以置信！我們發現好多精緻商店！你或許可以稱我們為文學狂熱份子，因為我們跑去伏爾泰最愛的那間咖啡館，據說他每天都在那裡喝五十杯咖啡（我們各自點了一杯冷萃咖啡）。

話說回來，你相信嗎？我上週居然寄出了自己的書稿。所以當天晚上，我們便開了香檳慶祝。

瑪蒂爾達現在進入大學就讀法律系，而布萊恩前陣子在學校期末典禮上演奏鋼琴，獲得觀眾起立熱烈鼓掌，我們超級以他為榮的。所幸，我們聘請那位波蘭籍老師私人授課所花的學費都值回票價了！下次等你來鎮上時我們再聚吧！

過了一會兒，你又聽到一聲「叮咚」，另外一位朋友也寄來一封電子郵件，信中寫道：

你好，最近日子過得如何呀？

湯馬斯和我前幾天想起了你，當時我們看到一輛老舊的電動自行車，讓我們想起畢業那年你騎的那輛車。那台古董車現在怎麼樣了啊？（如果它還在你身邊，那肯定很值錢吧！）

希望你最近剛好有事要來鎮上處理，這樣我們就可以一起吃頓午餐。當然，我們也想見見你的孩子們。麗莎的打工換宿計畫進行得如何？幫我們跟她打聲招呼，她的歌聲實在很美妙，下次見到她時，希望她能唱一些流行歌曲給我們聽！

我們夫妻的工作都太累了，薪水卻少得可以，儘管如此，我們還是覺得很滿足。希望很快能見到你！

這兩對夫婦你比較想要跟哪一對碰面呢？我很確定，如果第一對夫婦打電話給你約見面，你很有可能會意興闌珊；相較之下，你想要跟第二對夫婦見面的意願會高了許多。為什麼呢？因為他們「問了一些問題」。即便你無法立即親自回答他們，但這不重要。他們展現了好奇心，這激起了你的共鳴，讓你覺得你們有良好的關係。

他們成功的祕訣在於不只是問了一些老套的問題，而是問了一些邀請你參與對話的問題。他們問你：

- 那台古董車現在怎麼樣了啊？
- 麗莎的打工換宿計畫進行得如何？

我看過許多失敗的例子，因為提問的技巧太複雜，任誰都不可能按照那樣的建議問別人問題。換言之，要獲得良好的關係，前提在於我們能夠用一種真實自然的方式對談。基於這樣的原因，我選擇用一個證實有效的方式來簡化這個過程。

接下來，你將會學到三個簡單的問題；不但能讓你輕鬆記住，也能幫助你在生活中建立更好的連結、更好的人際關係。

・問對方「什麼？」

這個問題除了向對方傳達出我們感興趣以及好奇的訊號外，其主要功能在於：「探究事實」。

「那台古董車現在怎麼樣了啊？」這種問法顯示出好奇心，對方看來是真心想要知道你那台古董車現在是什麼狀況。

當然，在對話中有許多不同提出問題的方法。譬如說你要跟某人見面，但你不太清楚對方認為重要的議題是什麼時，或許你就可以這樣提問：

「很高興您抽出寶貴時間跟我會談。開始之前，我想要簡單知道一下，目前您最想要談的主題是**什麼？**」

又，假設你對別人做某件事的目的感到好奇，但又不太確定（或許因為你製作重要事項清單時引發了好奇心）。那麼，你可以選擇採用「什麼？」的問題這樣詢問：

「很高興您想要繼續與我討論這個問題。但在我們開始進一步詳談之前，我想先請教您一個問題：您這次想達成**什麼**目標？」

或者，假設某個星期一早上，你站在咖啡機旁想跟身旁的同事攀談，不妨這麼開場：

「嗯，又是星期一了，你上週末做了些**什麼**呀？」

很簡單，不是嗎？我知道你生活中每天都會這麼做，只不過你現在應該知道它為什麼會這麼有效。

- **問對方「如何？」**

這個問題通常出現「什麼」的問題之後，它的功能在於：「了解對方是如何想的」。

在電子郵件裡，「麗莎的打工換宿計畫進行得如何？」的問題是稍晚才問的，跟先前詢問古董車的焦點和性質不同。這個問題感覺更針對個人，可以做為「什麼」問題的後續動作。

假設你正在與人交談，你們必須針對某事想出一個對策，那麼你或許可以這麼問：

「你認為我們現在應該**如何**進行下一步？」

又，假設你正在與某人討論一項提案，你想要知道對方是如何看待它時，可以問道：

「單就這個提案來說，它對您有**多麼**重要呢？」

儘管「什麼」和「如何」的問題能夠帶你看得很深入，但我們有時候還是需要採取更進一步的措施，以獲取更多的事實和訊息。這時，就需要問第三種的問題。

- **請對方提供更多資訊**

「為什麼？」這個問題很難掌握得當，尤其是牽涉到情緒的時候。不過，在利用上述兩大疑問詞問完問題後，有時我們還會想再知道更多。因此，我們必須另尋方法，以更深入地挖掘出對方的想法和動機。這時，你要做的就是簡單地請他協助你釐清實際情況是什麼，以及他目前是怎麼想的。你可以透過以下方式表達自己的想法：

「好的，我已經愈來愈了解您的意思，但**能否麻煩您再詳細告知**，您是從哪個角度認為這裡有問題？」

你不妨試著比較看看，若是你問「為什麼這裡有問題？」的話，又會有什麼後果。

問「為什麼」相對會更具挑戰性，況且在最糟的情況下，還可能導致你跟對方的關係變差。換句話說，你之前利用「什麼？」和「如何？」提問法所建立起來的連結，可能會因此前功盡棄。

祕訣二、願意傾聽，並試著理解

「當我們想要與別人達成共識時，傾聽和試著理解是其中一件最重要的事情。」

我對著觀眾席上的所有採購經理如此說明。隨後我問：「有多少人贊同我的說法呢？」

沒有一個人舉手。

在這群聽眾面前，有兩件事情對我不利。首先，我不是採購經理。其次，我是一名研究人員。姿態強硬的專業採購通常是非常務實的人，他們每天關注的焦點都在事物的成本上。換句話說，當他們碰到研究人員來教他們怎麼做好工作時，絕對是抱持高度的懷疑。特別是這位研究人員還告訴他們，合作通常比提出強硬要求和下達最後通牒還來得理想。

我問：「有誰每天都跟你的商業夥伴之間的關係出問題？」

其實，我早就知道答案。稍早前我聽過他們的小組討論，顯然他們每個人跟供應商和往來公司之間的關係都存在重大的問題，有些甚至嚴重到得上法庭解決。想當然耳，這時幾乎每個人都舉手回應了我的問題。

我又接著說：「假設你們採購部門新聘了一位實習生，結果這個人無法順利把事情做好。當你表達這個想法時，所有人都激動了起來，氣氛也變得很不愉快。你們能夠想像這種狀況嗎？」

這時，大家都點頭表示同意。

「如果你不必顧忌的話，你會如何直白形容這個人？」

台下觀眾個個猶豫不決的模樣，於是我繼續說：「就由我開始吧！你們覺得如果說他『懶惰』怎麼樣？」

我的話一說完，觀眾也都紛紛鬆口表達意見，像是「不夠主動積極」、「吊兒郎當」、「漫不經心」、「根本是天兵吧」。

我又接著說：「現在，讓我們進一步假設你有件迫在眉睫的交易要進行，相關文件得在星期一之前準備好。而當你星期一早上抵達辦公室，詢問該名實習生是否已將資料準備妥當時，他的回答卻是：『還沒。』」這時，我停頓了片刻才接著說：「當下你會怎麼想？你又會如何處置呢？是換個新的實習生，還是午餐時找個同事發牢騷，說你們公司的好名聲剛才被敗壞了？」我可以從觀眾臉上看出我說中他們的心聲，這時他們已經全神貫注聽我講話了。

「現在讓我們假設你跟這位實習生坐了下來，你問他：『你為什麼沒有做好答應我要做的事情？』實習生開始啜泣並說：『實際上，我確實在週末做了很多事情，也確保自己會及時準備好一切，但是後來我罹患阿茲海默症的年邁祖父打電話給我，跟我說我祖母中風，被送到醫院去。我的父母早已過世，我是唯一可以照顧他們的親人。因此，我放下所有工作跑去醫院，今天早上再直接從醫院來這裡；我昨天整個晚上都沒有睡。』」

這時我接著問：「你會改變對這個人的想法和反應嗎？」

台下有人回應：「當然會！」有些人則是點頭表示同意。

「好的，現在我們知道了。」我回答。「你們跟我們所有人的做法都一樣：我們對於人總是有許多先入為主的觀念，往往很快就做出匆促的結論。我敢肯定，對於那些在業務往來中惹毛你的人，你也給他們貼上了類似的標籤。」

「那麼我們應該怎麼做呢？」有人喊道。

這正是我期待以久的一刻。我彎下腰從講台下方拿出一只袋子，裡頭有一隻四十公分長的絨毛黑天鵝玩偶。我用右手握著它，高高舉起，好讓所有人都能看得到。

「你要做的就是趁早找到黑天鵝，免得為時已晚。這意味著你必須拿掉所有的濾鏡，因為這些會阻礙你真正了解對方。」

• 黑天鵝效應：你以為不可能，但確實存在的解決之道

黑天鵝象徵著你錯過的某種重要訊息。更古老以前，黑天鵝是一種隱喻，象徵「不可能的事物」，但到了十七世紀時，它被賦予了新的意義。當時，歐洲人發現地球上原來有黑天鵝，就出現在澳洲。這項發現推翻了他們先前所認知「所有天鵝都是白色」的理論，從此有了全新的見解。

我向這群採購經理解釋了這一點。幾乎在每個我們需要跟別人達成協議的情況下，都會出現黑天鵝，它們代表的是能夠令對方感到滿意的事情，但我們卻對它們一無所知。這就是為什麼意識到自己必須超越最初相信的東西，進而重新以正確方

式看待事情是如此的重要。*

某位退休的ＦＢＩ特務人員在美國創立了一家名為「黑天鵝」（The Black Swan Inc.）的公司，該公司成立的宗旨正是教導商界人士在談判過程裡找到「黑天鵝」，這樣的軼事通常可以幫助聽眾記住演講內容。

回到剛才那位採購經理問我的問題：「我們應該怎麼做呢？」

尋找黑天鵝的解決方案是要了解「傾聽」（listen）的真正含義，因為我們雖然有聽見（hear）對方說的話，卻仍舊保有偏見。若不能讓自己擺脫這些偏見，我們就很難正確傾聽對方的話。

・正確傾聽的方法

當壓力出現時，我們就很難正確傾聽，就像那些採購經理一樣。當我們聽到不喜歡的內容，或者當我們感覺自己被周圍其他人的需求和期望壓得喘不口氣時，自我濾鏡和先入為主的成見就會浮現出來，讓我們無法真正理解對方。這時，讓自己保持「傾聽」的唯一方法就是，在我們的錦囊裡準備好一個隨時可以取用的方法或技巧。**

我已經研發出一種自然傾聽的方法，以心理學界長達百年歷史的一套原理「彷彿」（As-if）做為基礎。它是由現代心理學的創始人阿德勒所研發的，原理在於創造一個原來不存在的情境，彷彿它們真的存在，然後假戲真做。

方法是先表現出「彷彿我們真的在傾聽」的樣子，藉此讓我們啟動真心誠意的傾聽。

- **當你真心傾聽的時候，就會開始點頭**

當你這麼做時，很快會發現自己的身體，開始展現出各種真心感興趣想要傾聽的訊號：

---

* 所以說，黑天鵝並非代表某個永遠不可能找到的東西，而是某個需要我們非常仔細地尋找，才找得到的東西。對於那些歐洲的探險家而言是如此，對於想要了解別人的我們來說也同樣如此。

** 嘗試理解能夠帶給你很多幫助。哈佛大學的一項研究證實，當我們嘗試理解他人時，將會更鞏固彼此之間的關係。

- 你會主動提問。
- 你會提出正確的問題（「什麼」與「如何」的問題）。
- 你會在適當的時機應聲附和（例如，「嗯……」、「沒錯」、「是的」）。
- 你會與對方維持適當的眼神接觸。
- 你會發現比較容易用自己的話去總結對方，進而發掘出更多訊息。

此外，點頭的方法也是好處多多，有助於我們順利進入真正的傾聽。二〇一七年，日本進行了一項有趣的研究，他們讓實驗對象觀看兩支短片，一支影片裡的人在點頭，另一支則在搖頭[29]；接著再讓參與者針對影片人物的喜好度與親和力評分，從零到一百給出分數。

結果發現，實驗對象給予點頭短片人物的分數遠高於另一支短片。研究人員總結後提出這樣的結論：點頭時，我們受喜愛的程度提高了百分之三十，而親和力（也就是其他人對我們的感覺）提高了百分之四十。至於搖頭，則完全測量不到任何好結果。

所以，當我們想在很短時間內和對方建立良好關係時，這種簡單的方法對我們會是一大利器。

- **「確認」不代表「同意」**

誠如我剛才所描述的，透過點頭，你的一舉一動可能會開始展現出許多其他的「傾聽」訊號。其中一個是你會自然而然地開始總結，並確認對方所說的內容。在這裡有個重點必須提醒大家：「確認不等於同意」。在我們確認對方所說的話時，我們還

能與人達成共識的「彷彿」準則

跟這項準則有關的一個例子是來自哥倫比亞大學商學院研究員戴娜．卡尼（Dana Carney）所主持的一項實驗。她將實驗對象分成兩組，一組採取「權威姿態」，也就是坐在辦公桌後，將雙腳放在桌上，雙手放在頭後方。另一組則採取「謙遜姿態」，例如，把雙手放在膝蓋上，雙腳著地。隨後，研究人員發現，那些採取權威姿態的人體內的睪固酮水平非常地高：由於他們表現得「彷彿」非常強勢，且充滿自信，進而改變了他們體內的化學反應，好讓它們能夠跟身體姿態相匹配。他們透過「彷彿」的行為，假裝某件事是真的，進而把它變成了事實。

前面描述的「瞇眼微笑」，以及透過點頭，讓我們可以開始積極傾聽，都是運用「彷彿」準則的例子，得以幫助我們與他人順利達成共識。

是可以稍後：

- 表達我們並不贊同其看法。
- 對某個提議表示不妥。
- 明確指出我們抱持不同的看法。

你可以這麼說：

「發生這件事時，你覺得非常開心。」

「你開了大老遠的車子去參加工作坊，他們卻沒有提出原先承諾的東西，任誰都會火大的。」

「聽起來你想要有所改變。」

「開車去面試工作的路上車子爆胎，真夠衰的。」

通常，用你自己的話做總結會比較好，除非對方情緒非常激動，愈講愈大聲，那麼這時比較恰當的方式是重複對方的話，讓對方更加感覺到我們的確有在聽他講話。

祕訣三、別把自己放在重要位置

在一項研究裡，研究人員請一群人閒聊各自的日常事情，隨後研究他們的對話。[30]在這一千五百場的對話裡，研究人員清楚看到，參與者一心想要贏得對方的注意力。他們表現出強烈的自我中心，經常談論自己，有時則是竭盡所能把話題和焦點引導到自己身上。

研究還證實，我們比較容易在別人身上發現這類行為，而不容易看清自己也有相同的舉動。據研究人員發現，這類行為其實潛伏在一種原來正確且禮貌的行為裡，冷不防就會浮現出來。因此，我們所有人不時還會對自己這樣的行徑而心生罪惡感。

我們的自我隨時隨地都有可能介入，破壞我們想要展現好奇心和理解的意圖。當自我介入時，也會破壞我們想要建立關係的意圖。以下就是當我們開始「太過自我」時，會發生的情況。

- **不會問對方任何問題**

當我們開始表現過多自我時，最常見的一種現象應該就是不再問對方問題，只是一味談論自己的事。

・只會問敷衍的問題

另一個常見的錯誤就是我們會隨便問些敷衍的問題。所謂的敷衍問題，是指我們有意展現好奇心、卻敷衍只做半套，因為自我為中心佔了上風，很快又把對話引導回自己身上。

・會問錯誤的問題

強勢的自我也討厭各種形式的不安全感，進而會藉由主導對話走向，來減少這種不安全感。用來主導對話的最常見問題就是「是非問句」，讓對方只能回答「是」或「不是」。

・只是在表面上聽聽對方所說的話

傾聽並非強勢自我的強項。當我們應該聽進對方訊息和所講內容時，一旦出現過於自我中心的情況，我們就會變成只聽表面，很難用心傾聽。這時的我們無法將自己所有的注意力轉移到對方身上，只會聽到某些關鍵字眼；因為我們的部分注意力轉移到了其他地方，或許是跑到自己身上了。

• 會驟下結論

當我們理應接收別人意見，若展現過度以自我為中心時最常發生的現象就是，驟下結論（誠如我前面描述的採購經理一樣）。當我們太早做出結論時，便會迫不及待想打斷對方的話，說出自己同意或不同意。

以上所有這些過度自我中心和強勢自我的展現，都會破壞我們想要建立關係的意圖。解決之道十分簡單，也很容易做到，就是**正確傾聽**。

本章重點

- 如果我們想要與別人保持良好的連結和穩固的關係，必須展現出好奇心和理解，同時確保自己不會帶給對方過多自我中心的印象。
- 當我們與對方建立關係後，便贏得了讓事情能「正確發展的權利」，因而使其他人更容易談論自己、說出他們想要什麼，如此一來，才有辦法找到讓所有人都滿意的解決方案。

小叮嚀

- 當你想與某人達成協議時，不妨嘗試利用「什麼」和「如何」來問問題，對對方展現好奇心和理解。當你需要獲得更多說明和資訊時，就請對方提供更多資訊，以釐清現況。
- 當對方開始說話時，就是你點頭、進而用心聆聽的時候了。

第六章
步驟四：謹慎說話

爭論時要心平靜氣，免得狂怒之下，小錯釀成大錯，有理變成無禮（discourtesy）。

——喬治・赫伯特（George Herbert）

「卡琳，如果我們要分享這顆西瓜，妳認為我們該怎麼分才能讓妳我都滿意？」

我的問題是針對坐在我正前方的一名觀眾問的。我站在會議中心大型演講廳的台上，台下聚集的全是瑞典某間大型工業公司的管理階層。我知道她是他們當中經驗最豐富的一位經理人，在休息期間，我趁機查看了她的名牌，以便現在在台上直呼她的名字。

在我等待回答的同時，其他聽眾的笑聲此起彼落充滿整間演講廳。這樣的情況並非他們所預期的。公司請來一位研究人員，請他談論嚴肅的主題，像是如何跟他們最重要的客戶達成協議，結果怎麼會這樣呢？嗯，這時的我站在講台前，捧著一顆大西瓜，問一名主管該如何對分。

卡琳微笑地望著我說道：「我認為我們應該把它從中間剖一半。」

「從哪裡下手？」我一邊朝她走去一邊問。

她向前傾，以便用她的食指在西瓜上畫一條線。我往後退一步，看著她大聲說：「不好意思，卡琳，這我無法接受！」

卡琳不是職場菜鳥，所以很快就恢復鎮靜、氣定神閒地看著我說：「好吧，那你有什麼建議嗎？」

我把手指放在西瓜上，讓她知道應該從哪裡剖開，很明顯地就是她能夠拿到的部分會比我小很多。

「這就是我的建議，」我看著她說。

現在輪到卡琳不滿意了，她搖搖頭、堅定地說：「哦，不行，這樣我無法接受。」

卡琳現在棋逢對手，她正努力集結多年來縱橫商場的智慧，試圖打敗我。接著，她給了我一個機靈的表情並說：「那如果我們從西瓜正中間剖開對分呢？」

「比給我看看。」我回答後再次向前踏了一步。

她在西瓜上比劃一會兒，說出瓜分方式後，我看著她，堅定地說：「這對我來說行不通，妳還有其他想法嗎？」

我的對手歎口氣、笑了出來。

「那我來切，由你先選。」她又說出了別的提議，帶著滿意的表情靠向椅背，一副已經找出解決方案的模樣。

「是喔，以前我跟我弟弟在共享一瓶碳酸飲料時也會這麼做。」說完後我停頓了一下，接著繼續：「可是我當時就不喜歡那樣，現在也不喜歡。」

這時，我可以想見台下肯定許多人在想：「這個人真機車！」不過，我並不在意，反而覺得這是展現出我比他們想像中更難搞的好時機，於是我揮出了致命的一擊：「卡琳，西瓜非得要由我來切，並且由我先選。」

「門都沒有！」卡琳怒喊，這時的她已經開始失去耐心。「你怎麼可以先切，又要先選呢？」

故事暫時說到這裡，稍後我會揭曉結局。不過，現在我想先來總結截至目前為止的情況發展。

卡琳和我彼此都各持己見、互不退讓，而且爬蟲腦開始活躍起來。儘管這只是遊戲，但卡琳顯然非常氣我怎麼敢厚顏無恥地提出這麼不公平的建議。而且，連我自己也忍不住開始覺得這是一場比賽，我想成為贏家！

別陷入立場之爭

如果我們一味護航自己的立場，就會出現問題，而且這種行為無所不在，在大大小小的場合都可能出現。事實上，我們觀看新聞，就可以看到一堆像我和卡琳所經歷的事情。只不過，那當中要達成的協議，多半比如何對分西瓜的協議來得重要。

最典型的一個例子就是我之前提過的美蘇協議。一九六〇年代，美國和蘇聯被迫針對每年應該到彼此領土進行多少次的檢查達成協議，最後談判破裂，因為兩國不斷在檢查的次數上討價還價。

問題出在哪裡呢？令人難以置信的是，美國和蘇聯居然沒有一方討論到檢查的實際內容——究竟是派一個人到處檢查一至兩天，還是派一百個人過去探查三個月？這些最關鍵的議題他們根本沒有討論過。他們反而只挑剔檢查次數的多寡，就好像他們是在拍賣會上，試圖出價買下某件古董家具一樣。

為什麼會這樣呢？這是因為我們都在為護航各自立場而討價還價。儘管卡琳和我都沒有想賣東西給對方，卻雙雙不自主落入跟對方討價還價的情況。當我們這樣做時，通常就牽涉到面子的問題，於是沒有任何一方願意退讓。

在我開始說明為何不該針對立場討價還價，以及應該改用什麼做法取代之前，我想要先談談為什麼我們會這樣做。

跟那些思維方式與我們不同的人討論未來應該如何攜手前行，本身就充滿著高度不確定的風險。大多時候，我們清楚哪些事情對自己重要，卻經常不知道對方會如何反應。雙方出現劍拔弩張的情況是很尋常的，而且談話的內容也常出乎預料。

這時，告知對方「我就是要這樣」的好處是，我們等於有效跟對方溝通自己想要的東西，對方也很難會誤解，因此我們設定了界限。但如果我們試圖以這種方式建立安全感和明確性，往往要付出很高的代價。

在前言裡，我曾提及哈佛研究人員在一九八〇年代初發現的結果，也就是無法達成協議時所衍生的壞處。他們還同時發現，我們無法達成協議的原因，往往就是因為我們死守自己的立場。這也是為什麼我想在這裡更詳細闡述這些壞處。

壞處一：會做出不智的決定

如果我們落入立場之爭，會做出較不明智的決定，這是第一個壞處。當我們愈清楚表明自己的立場，並在受到攻擊時愈去捍衛，我們跟它的連結就愈緊密。同時，當我們愈努力說服對方自己絕不可能改變心意，就真的更難改變心意，即使出現充分理由時，也很難改變立場。我們希望帶給別人博學能幹的印象，因此不想反覆改變自己的決定。總之，**當我們愈關注自己的立場**，**就愈不會關注自己和對方的內在深層需求**，而做出令雙方滿意決定的可能性也會跟著降低。

話說回來，如果討價還價以妥協告終，肯定是件好事嗎？答案是否定的。所謂妥協，顧名思義就是雙方為了達成協議而放棄各自看重的事情。但妥協往往是以雙方不太滿意、而非以雙方同時滿意的結果告終，事實上，我們仍未放棄各自的立場以及思維方式。

與其關注各自的實際內在需求（那才是真正重要的事情）上，這時的我們反而死守在數量、價格，或是實際可以分到多大的西瓜，因而忽略掉真正的深層需求。妥協這種想法，其實是代表我們不敢放棄緊守自己立場所帶來的安全感。

壞處二：浪費時間精力

卡琳和我一來一往攻防了許久，卻連解決方案的影子都沒看到。一旦雙方死守立場，就會變成那樣。我們很容易會想要從最高出價開始，以便稍後有空間可以討價還價。

此外，我們還會經常把精力花在誤導他人上，不想讓對方看出我們的真實意圖。但問題來了，另外一人可能也用同樣的方式思考。這意味著雙方都沒有說出自己真正想要的東西，卻要求獲得那些他們其實不認為自己會得到的東西，或是認為自己理應拿到的東西。這些都令我們白費時間和精力，也讓事情毫無進展。

壞處三：雙方關係惡化

如果在卡琳頭上安裝ＭＲＩ（磁振造影檢查儀）的話，我可以肯定在我們討論如何對分西瓜時，可以看到她腦中的杏仁核開始活躍。而且，即使我是這整起事件的策畫人，一旦接受ＭＲＩ檢測時，我的爬蟲腦恐怕也同樣活躍。

我們的原始大腦中心是如此容易接管，當與別人意見不合時，我們就別期望能夠相互合作和討論，而是只會落入對抗、競爭，並使得雙方關係變糟。

讓我舉個日常例子來說明吧！假設你想要跟另一半共度愉快的週末夜，你提議去看電影。然而，你得到的回答卻是：「我可不會讓步唷！除非是看《星際爭霸戰》，要不然我不去！」

聽完這一番話後，通常會產生憤怒和怨氣，因為你們當中勢必有一人要放棄自己想法，去做對方想做的事情。即使這種怨氣不會立即出現，但可以肯定的是，它會一直在你心裡不斷累積，總有一天會爆發出來。

光靠「友善」並不能解決問題

當我在演講中使用西瓜的例子時，重點就是要告訴觀眾，當我們遇到一個固執己見的老頑固時，會是什麼感覺。因為我想讓所有人都看到，固執己見會衍生出來的所有壞處，接著再來證明有哪些替代方案。

我們很容易相信，只要透過與我相反的行為舉止，就能避免衍生出這所有的壞處，換句話說，是透過友善的態度，而非不可理喻地難搞。

對人友善是我們可以展現最崇高的品德之一，但遺憾的是，在我們試圖達成協議的情況裡，光靠友善並不能解決問題。尤其當我們碰到一個立場堅定、絕不退讓的人，更不能只靠友善。無論是對於西瓜、原子彈、還是令協議各方在意的其他重要事情，這個道理都一樣適用。

在最糟的情況下，就如同美國作家歐·亨利（O. Henry）筆下的那對紐約貧困夫妻。他們非常貧窮，窮到在聖誕節來臨前，太太不得不賣掉一頭美麗的秀髮，替她先生最值錢的收藏金錶，買條金鍊來配。沒想到，她的先生替她買了一組精美的梳子當作聖誕節禮物。當太太隨後拿出金錶鍊交給她先生時，他才坦承自己早已為了籌錢買下那些梳子，而把金錶賣掉了。

為了表現友好，也為了向對方展現愛意，他們雙方都放棄了對自己最有意義的事情。誠如這對貧困夫婦的做法一樣，假如我們想跟別人達成協議，這種行為肯定不妥，勢必會出問題的。

因此，我不建議為了對別人友善，而放棄掉任何我們認為重要的事物。雖然這樣做可能很快達成協議，卻反而容易做出非常不明智的決定。

假如我把整顆西瓜都讓給卡琳，對我會有什麼影響？又，假如甘迺迪在一九六〇年代對蘇聯這麼說：

「好吧，隨便你們想擁有多少的原子彈都可以，不過我們會取消自己的原子彈計畫。」不妨進一步想想，這個決定又會帶給全世界什麼樣的後果呢？

我們應該做的是提升眼界，看清立場背後隱含了什麼。因為在那裡，你會發現比妥協和表示友善還更好的東西。

如何跟一台冰箱達成協議？

在這裡我想講一個故事，這則故事提出了遠離立場之爭的真正解決方案。

每年仲夏節期間，我都會去我父母的避暑別墅。慶祝仲夏節已經變成整個家族的聚會，讓大家有機會以簡單的方式進行交流。由於我的父母年事已高，主要是由我們兄弟三人負責籌畫，而且盡可能讓每件事情順利進行，也得準備好幾頓的餐點，而我們一致希望以簡單便利的方式，讓每個人都能吃飽吃好。

幾年前，我們決定在晚餐時吃雞腿。這些食物用烤箱就能輕易準備妥當，再搭配一些白飯，很快就能準備好。我買了很多雞腿，晚餐結束後，剩下了三支雞腿。於是我把剩下的雞腿放到盤子上，用保鮮膜包好後放進冰箱。

當晚，因為我還有工作要忙，於是決定熬夜幾個小時繼續工作。寫完幾頁研究報告後，我突然感覺肚子好餓，很快就想起冰箱裡的那三支雞腿，於是便起身走向冰箱，打開冰箱門。眼前浮現的景象並非我所預期的，盤子雖然還在中間的層架上，但保鮮膜已經被掀開，盤子上連一支雞腿的蹤影都沒有。

我的第一個念頭是：這很正常！第二個念頭則是有人捷足先登了。隨便猜都知道誰是嫌疑犯：不是我哥就是我弟；因為當全家人都上床睡覺後，他們都會熬夜打電腦，到很晚才睡。

在失落情緒平復之後，我再度回房繼續工作，但沒多久就發現自己實在太餓，沒辦法繼續工作。而且我無法餓著肚子上床睡覺，於是又拖著腳步重新走回廚房，猜想著應該還有其他東西可以吃，果然在冰箱最裡面不僅找到兩根香蕉，還發現一個孤零零、不知道是誰吃剩下的馬薩林杏仁塔。我開心地拿出香蕉和杏仁塔，坐在廚房的桌子旁準備開動。它們的味道簡直就像天上極品！囫圇吞下這頓臨時的宵夜後，我便心滿意足地上床睡覺了。

在這個尋常不過的故事裡，其實涵蓋了非常完整的知識，教我們在討價還價和死守立場之外可以找到哪些替代方案。

如果沒有雞腿，吃香蕉和杏仁塔也能解饑

試想一下，假如在那個仲夏節假期裡，我站在那裡努力達成協議，會是什麼模樣。你問我跟誰達成協議？嗯，跟冰箱。的確，它並非常見的對手，但不妨讓我們暫時善用一下想像力。

我的立場再明確不過了：我想要雞腿。我就像是一枚導彈，以極高的精準度鎖定了最終目標。

如果我們現在能夠成功把冰箱看作是我的對手，那麼我打開冰箱門時應該會得到這樣的回答：

「不行，很遺憾地，你無法從我這裡拿到雞腿！」

正常來說，我可以站在那兒好好把冰箱訓斥一頓。我知道，旁人可以說那不是冰箱的錯，明明是我哥或我弟拿走了雞腿，可是我很失望，因為我得不到我想要的東西，所以很容易有情緒反應而怪罪其他人。

如果冰箱有思考的能力，我們可以假設它會這麼想：「這個人想要雞腿，顯然我沒法提供給他。為什麼雞腿對他那麼重要呢？原因是什麼？」

答案顯而易見：「他肚子餓了。」

在我跟冰箱之間的這場虛擬對話裡，冰箱或許可以問我下一個問題：「我要如何在沒有雞腿的情況下，消除這個人的飢餓感呢？」

答案也同樣很簡單：「兩根香蕉和一個杏仁塔。」

著重「內在需求」和「替代方案」，就是解決方案

冰箱做了非常正確的事，完全符合哈佛大學研究人員的建議：當我們有可能落入各執己見的僵局時，解決方案必須著重以下兩點，內在需求和替代方案。

關於這兩點，上述例子裡的冰箱統統都有看重。藉由重視內在需求、以及滿足這些需求的替代方案，冰箱將討論的層級，從立場提升到立場背後的實質深層需求，而這往往正是通往解決方案的道路。

為了讓我說出「ＯＫ」，冰箱必須了解我真正的內在需求和原因。當我的主要選項（雞腿）在實際狀況下沒辦法滿足時，它有必要尋找其他替代選項。這麼做之後，我們才有機會達成協議。

當我們著重內在需求和替代方案時，就有辦法在各種可能的場合裡，擺脫意氣之爭，不再針鋒相對、討價還價。研究人員還證實，這種策略可以為雙方帶來更好的結果，尤其是當這段關係對我們極為重要的時候。31

現在我們知道了其方法的重要性，但問題是我們要如何談論內在需求和替代方案呢？這個問題實際上極為重要，因為表達方式其實會影響到最終結果。如果我們慎選正確用詞的話，通常結果會很順利；但如果說錯話，通常到最後還是行不通。

慎選內在需求和替代方案的相關用語

在談到內在需求時，你必須：

- 展現好奇心與理解。
- 勇於說出自己的內在需求。
- 先談細節，別一開始就提出解決方案。
- 說語要果決明確。

然後，當你們準備進入替代方案的討論環節時，我這裡指的討論雙方內在需求如何獲得滿足，非常重要的一點是：

● 富含創意，以找出彼此都能滿意的替代方案。

接下來，讓我們仔細來談談這些訣竅。

訣竅一：展現好奇心與理解

關於這個部分，主要跟第五章〈步驟三：建立連結〉談的主旨息息相關。也就是說，我們透過提問和傾聽來展現好奇心和理解，藉此了解對方的想法和需求。

在這裡，你應該善用「什麼？」和「如何？」問句，以及「你能否告訴我……」的用語。有效的問句大概是像這樣：

「**什麼**讓你覺得……如此重要？」

「當你剛剛談到……時，你是**如何**想的？」

「**你能否告訴我**……要如何解決你的情況？」

然後，到了你應該展現理解和傾聽的時候，請認真用心傾聽對方（先從點頭開始）。

訣竅二：勇於說出自己的內在需求

要找出別人重視的東西，以及隱藏在立場背後的深層需求，通常有效的方法就是提問，然後傾聽。

當你跟某人坐下來談話，還弄不清楚對方真正看重的事物時（即便你已經問過一些問題，也認真傾聽過），不妨先從自己的內在需求談起，這樣不僅可以大幅提高對方說出其內心深層需求的機會，也比較容易引起對方對你的好感。

研究指出，若是由我們主動先說出自己的內在需求，對方談論其內在需求的可能性則會提高百分之五十。32

當你談論自己內在需求時，我建議你每次都從細節開始聊起。

訣竅三：先談細節，別一開始就提出解決方案

談論細節有助於吸引別人對我們的注意力。由於我們描述細節會需要花費一些時間，相對也就展現出我們對它有一定的看重程度。

另外，你也讓對方有時間去思索你鋪陳這段故事的用意何在；接著，對方心裡通常會逐漸出現這樣的想法：

「這段故事到後來會演變成如何？他稍後希望從我這裡得到什麼呢？」

之後，當你終於提出解決方案相關的建議時，對方反而多半會感覺鬆了一口氣。當然，在這裡你有必要調整細節鋪陳的長度，才能在你故事講完、給出建議時，確實讓對方感覺到如釋重負。*

有時候，對方聽完我們建議之後不見得會立刻表示贊同，但至少他們會提出一些看法。如此一來，我們便可以繼續討論下去，絲毫不需要擔心。甚至，這反而可能是陳述某些事物對我們有多重要的絕妙機會。當這機會到來時，我們有時候必須對自己想要的東西展現出堅定、不容動搖的決心。

訣竅四：話語要果決明確

我們可以態度堅定，但不必動怒或是大小聲。反倒是當我們搞不清楚自己看重哪些事物時，才有可能會採取某些不適當行為，進而破壞了自己的好心情。甚至我們還有可能落入反諷、頑固，或是沉默的處境，如此一來，非但不能提升我們的優勢，反而還會愈發降低雙方達成協議的機率。在最糟的情況下，還會害我們持續爆發不滿情緒。如果我們展現決心，其實就能清楚表達自己想要什麼，而不會觸發我們自己或對方的爬蟲腦。

當我們展現強硬果斷時，有件事情非常重要，那就是：**對事情要展現強硬，但對人要溫和客氣**。其實，若是我們從一開始保有正向的情緒和愉悅的心情，自然會對別人心生那樣的態度。事實上，你可以做到像那些堅守立場、強硬到不肯退讓半步的人一樣，卻同時提高最後達成協議的機率。

之所以會這樣，主要是因為當我們堅持自己看重的議題時，往往會得到別人，還有自己的尊重。在我們弄清楚什麼事情對自己很重要的同時，也能增強自信心。當我們決意這樣做的時候，千萬不要對自己真正看重的事情含糊其詞，以免在別人耳中聽來模擬兩可。打個比方說，你的另一半問你：

「你今天能洗車嗎？」

---

* 在描述細節時，你可以放慢速度講。研究表明，如果我們說話速度放慢，會獲得更多的尊重，也更容易讓對方理解。

假如你的回答消極又含糊不清，就會變成這樣：

「好，我可以去洗車，但得等我去買完東西、倒好垃圾、在電腦上重新安裝完Windows、替孩子做完晚餐……」

顯而易見地，你根本沒有空洗車，但這樣的訊息卻沒有清楚明確地傳達出去。況且，這麼說只會引發對方的不滿、誤解，以及未來可能產生的衝突。相反地，若是你能夠更堅定的回答會比較理想：

「不行，我今天恐怕沒辦法洗車。」

如此一來就很難造成誤解，不是嗎？這樣的回答是基於你對於自己的尊重，以及不迴避的態度，它增強了你對於自己、還有你看重事情的信念，而且不僅在這個情況裡，連同你整個人生也都得以獲益。

訣竅五：富含創意，以找出彼此都能滿意的替代方案

當我們著重在替代方案時，通常會尋求更多的解決方案，因為我們原先提出的要求可能無法獲得滿足。誠如冰箱的例子一樣，畢竟就是沒有雞腿。

以下是美國哲學家瑪莉・派克・芙蕾特（Mary Parker Follett）所寫的一則故事，這就非常適合拿來詮釋這樣的過程。

有兩名男子坐在公共圖書館裡的閱覽室裡吵了起來。他們對於窗戶要打開還是關上，意見分歧。他們你一言我一語地討論窗戶該開多大，只開一點、開一半、開四分之三……，卻沒有一個建議令兩人都滿意。然後，一位圖書館員進到閱覽室，問其中一名男子為何他希望窗戶打開。他回答：「想要呼吸新鮮空氣。」接著她問另一名男人，為何他想要關上窗戶。得到的回答是：「為了避免強風吹進來。」

這位圖書館員想了片刻，接著到隔壁房間打開一扇窗戶，這舉動不僅可以讓新鮮空氣流通，又不會造成強風灌進來。

這個故事正是死守立場的最典型情況，由於這兩個人始終停留在立場的角度對話——窗戶應該開多大，因此他們面臨了一個無法解決的問題。所以他們只能繼續吵個不停，或是做出讓步，得到一個雙方都不滿意的結果。

事情之所以能解決，是因為圖書館員專注於內在深層的需求：有新鮮空氣、又不會有強風吹進來。如果我們想要找出令雙方都滿意的替代方案，那麼內在需求和立場之間的差異往往是決定的關鍵。換句話說，我們必須找到看重內在需求的替代方案，而非看重立場的替代方案。

在這種方法的幫助下，我也順利解決了卡琳和我之間對於西瓜該如何分的僵局。接下來，就讓我來告訴你們事情的後續發展。

化解西瓜僵局的做法

回到本章一開始，我和卡琳已經陷入了僵局。而我站上講台時，早已迫不及待想要向觀眾展示替代方案，以取代這種討價還價的爭執。於是，當我再次轉向卡琳時，改變了策略：「卡琳，妳我一直都死守各自的立場，看起來我們已經無法繼續談下去。」

這時的我，試圖讓自己的聲音聽起來更富同理心，一方面暗示我不再是剛才那位老頑固，一方面也暗示剛才的針鋒相對的實境演習已經結束。

「沒錯，那是個無法破冰的僵局，」卡琳回答，並且如釋重負地笑了，看似對於這場假戰爭的結束感到鬆了一口氣。

我接著說：「卡琳，我想先跟妳談談，我打算用我那一半西瓜拿來做什麼，」我以同樣建設性的口吻敘述：「兩個小時前，我最好的朋友安德斯打電話給我。他是一名推銷員，每週都要到外地出差。他跟我說，他五歲大的女兒莉娜因為盲腸炎開刀住院，明天就要出院回家，這對她來說會是一段難熬的時期。」

「這樣啊！」卡琳一臉驚訝且好奇地說道。於是我接著解釋：

「安德斯告訴我，自從去年秋天以來，莉娜就喜歡所有跟怪物和萬聖節有關的事物。他問我想不想要製作一個萬聖節燈籠，放到她的房間裡。安德斯強調，他和他伴侶昨天就已經有了這個想法，也確信這麼做會讓她感到開心，可是他們兩人都得出遠門，沒辦法自己製作燈籠。安德斯問我：『你能幫我們嗎？』我回答當然可以，無論如何都一定會幫他們。因此，我打算用我那一半西瓜做一個萬聖節燈籠。」我說話的同時還在大屏幕上展示出一張大大的圖片，裡頭是一只用西瓜做成的萬聖節燈籠。然後我說：「卡琳，那妳打算用妳那一半西瓜來做什麼？」

卡琳現在看起來比剛才自在多了，她笑著回答：「我打算做成水果冰沙，給家人飲用。」

「那麼，我的建議是整個西瓜外殼都給我拿去製作燈籠，妳可以把裡面所有的果肉拿來做冰沙，妳覺得呢？」我問。

「真的很棒，我們達成共識了！」卡琳笑著說。

意見不同時，爭論也要具有建設性

卡琳和我之間的僵局之所以能夠化解，是因為把焦點放在彼此的內在深層需求上，以及雙方都能夠滿足的替代方案上。

除了內在需求和立場之外，人們往往會有意或是無意地將自己真正看重的東西，包裝在一套所謂的外在表象需求底下，例如：

「我希望西瓜從這裡切分開來。就是這樣！」

然而，這套外在表象需求通常會成為問題的根源，令雙方一不小心就在討論過程中走偏了。

如果每個人都可以卸下他們的外在需求假象，表明他們真心認為重要的事情，那麼一切都會變得容易許多，就像卡琳和我一樣。然後，我們才有辦法找出重要的事情是什麼、為什麼它們如此重要，以及透過哪些方式去滿足彼此的需求。這正是所謂的「慎選我們說出的話」。

為什麼這個策略在各種生活場合裡都有效呢？主要有兩個原因：

一、滿足內在需求的方法通常比你想到得多

冰箱和圖書館的故事就是很好的例子。在冰箱的例子裡，要找到替代的解決方案相當容易，它就位於底部層板的最裡面。而以圖書館的例子來說，則需要多一點的創造力、更開放的心胸，方能超越立場的層級，往上看到問題的真正根源所在。這兩個例子的共同點在於：解決方案其實就奠基於立場之上，要想找到它們，只是時間早晚的問題。

然而，當我們試圖與別人達成協議時，多數人並不認為尋求新的替代解決方案是他們的職責。相反地，他們認為協議過程是將對立的兩個立場整合在一塊，但這往往難上加難。

我們自欺欺人地相信，最終決議的結果多半是「一個」解決方案或是「一項」

決定，而通往它的道路也很簡單。殊不知，通往決策的道路通常是蜿蜒曲折的，過程中有許多建議獲得考量，但又遭到否決。

二、想法不同未必是壞事

如果每個人對於所有事情都抱持著相同的看法，儘管聽起來好像很棒，但如果真是這樣，我們將永遠不可能達成共識。反之，如果每個人對每件事情都抱持不同的看法，也絕不可能達成協議的。事實上，有些事情看法相近、有些事情看法迥異，這樣的組合才可能讓雙方達成協議。

像我和卡琳面對的情況就是如此：我們都對西瓜感到興趣，但是出於不同的原因。只要我們超越立場，仔細找出背後的歧異點，就能夠找到令雙方都滿意的解決方案。假如我們處在完全相同的情況下，卡琳也曾接到某位朋友來電索要一個萬聖節燈籠，那麼我跟她達成協議的機率將微乎其微。

即便我們已經做完所有步驟，每個細節也都正確地完成，當然還是有可能發生一些我們沒有預料到的事情：像是意外爆發了一場衝突；或是某人說出了一些誰都料想不到的話；又或者是你交談的對象壓根就不想合作，無論你怎麼想方設法就是談不下去。這時，就得仰賴一個事先準備妥善的B計畫。換句話說，我們需要有個備案來應付那些出乎預料的事情；這就是接下來要談的步驟五。

在選擇用字遣辭之前

就跟其他步驟一樣，選擇用語這個步驟並非真空獨立存在，而是建立在我們先前做過的其他事情上。如果我們做好前面的幾個步驟，代表我們已經做好準備，在選擇用字遣辭時相對會容易許多。

• 我們會保持正面態度，處於愉悅的心情。這意味著我們會更有能力解決問題、也更具創造力，因而使得討論內在需求和替代方案的過程更加順利。

• 我們還會對自己和別人的內在需求進行反思，並試圖想出多種替代方案。甚至在我們開始對談之前，就早已列出了重要事項清單。這意味著在對話當中，我們會更容易權衡雙方的深層需求，進而找出彼此都滿意的解決方案。

• 由於我們早在「建立連結」的步驟裡，學到了展現好奇心和理解的方法，因此在討論雙方看重的事情時，這項能力也會是我們的一項重要資產。

本章重點

☞如果你發現自己落入討價還價、為立場而爭的情況時，這時你們雙方都同時面臨了三個不良後果：浪費時間、不智決定，以及關係惡化。因此，你應該試著將討論引導到更具建設性的方向。

☞要想做到這一點，最好開始談論內在需求和替代方案、討論彼此都看重的事情，以及設法找出令雙方都滿意的解決方案。

☞切記，你跟對方之間存在的差異，就如同肥沃的土壤，能滋養你們雙方攜手做出正確的決定。

小叮嚀

- 當你打算跟某人達成協議、並發現自己開始針對立場跟他討價還價時，請試著把焦點著眼於內在深層需求和替代方案，提出問題並且用心傾聽，你可以這麼說：

「這時，是**什麼**讓你覺得……如此重要？」

「當你剛剛談到……時，你是**如何**想的？」

「**你能否告訴我**……要如何解決你的情況？」

第七章 步驟五：備妥B計畫

最成功的人往往會事先備妥B計畫。

——詹姆士・約克（James A. Yorke）

德國薩爾蘭大學的某個研究小組做了一項實驗，測試人們在需要達成共識的過程中，會受到強烈情緒什麼樣的影響，並試圖找出我們可以採取的措施。[33]九十四名實驗對象得設法買到一支智慧型手機，同時必須針對價格、保固和手機容量跟賣方達成協議。這些項目每一項最多可以放棄到九分，然而只要他們能多獲得一分，就能夠得到一張價值五百克朗（折合台幣約一千五百元）的禮券。

不過，每當實驗對象出價時，賣家就會出乎買家意料之外地憤怒回覆他們：

「你出這種價太離譜了吧！」或是說：「要嘛你現在重新出一個合理的價格，否則我們就別繼續下去，你我都得不到任何積分。」

結果清楚表明，如果其中一方遭受到像這樣的攻擊和批評，對雙方來說都是一大災難，因為最終的協議結果對買賣雙方都同樣不利。

同一研究裡還有另外一組實驗對象，研究人員事先給予他們不同的指示，不良後果也因此獲得減輕。跟前一組實驗對象唯一且最大的差異在於，他們事先就知道如果協議沒有按預期進行時，應該做些什麼。因此，即使他們同樣也遭受到攻擊，但這一組人的協議成功率還是高出許多，大多數人都順利達到雙方受益的理想決議。

這就是為什麼我要在步驟五特別強調，備妥B計畫的重要性。在進一步詳細解釋其重要性之前，容我先簡要概述前四個步驟到目前為止對你的幫助。

在開始之前，你已經確保自己擁有正向的情緒，並且已經花了一、兩分鐘思索自己真心看重的事情。接著，在遇到對方之後，你很清楚知道如何建立良好的連結，也知道該如何避免死守立場而落入無意義的爭執。基於信任而跟對方建立起的良好關係，也盡可能讓對方接受你的建議。

此外，你也善用了自己的創造力和解決問題的能力，努力找出一些替代方案。這些方案跳脫了表象需求，探索到更深層的東西，也就是雙方的利益和內在需求。

為什麼要事先擬定B計畫？

通常，光是前面這四個步驟，就足以讓你找到「皆大歡喜」的解決方案；但有時候你難免還是會碰到難以達成共識的情況，即使你覺得自己全都做對了也是一樣。

譬如說，你可能會碰到某個同事、老闆或某某人，他們看待世界的方式就是跟你天差地別，導致你們之間的談話根本無法朝著預期方向進行。

當你努力進行富有建設性的討論時，對方可能會突然暴怒，或是頑固得不肯退讓。這時會發生什麼事呢？嗯，你可能會倍感壓力，因而導致你的心跳加速、呼吸變淺、全身上下都已準備好要迎戰或是逃跑。不過問題是：你現在真正應該要做的是什麼呢？

答案很簡單：你需要有個B計畫。*

FBI的人質談判專家們皆認同一個事實，那就是對於一個理性已經遭到爬蟲腦劫持的人，你是無法對他曉之以理，也無法用邏輯說得通的。在這種情況下，談判專家要做的是試圖使對方冷靜下來，讓他不再用原始直覺思考，漸漸讓理性重拾大腦主導權。

這麼做之所以有效的原因是，眼前你正在交談的這個人，通常並不會意識到自己有這麼的頑固、連半步都不肯退讓；因為他們大腦的理性部位，很有可能早已遭到爬蟲腦劫持了。

接下來，我們會在這一章裡清楚地看到，在面對這種情況時，我們要採取怎樣的戰略：我們要傚仿FBI特務的做法，幫助我們交談的對象**恢復理性**。而最簡單的方法就是啟動他的理智腦。

---

* 當然，在這裡你也有機會採用我先前介紹的S.T.O.P.方法。它能有效降低你的壓力，同時能讓B計畫實施起來更加順利。

提問並且用心傾聽，就是全世界最棒的B計畫

在〈步驟三：建立連結〉那一章裡，我描述了展現好奇心和理解對於良好關係建立的重要性；一旦事情沒有依照我們預期的進行，它們同時也是我們可以想到的最佳B計畫。

這個極為簡單的方法適用於各種情況和場合，因為它是讓你主控討論方向的最有效方法。整個進行過程是這樣的：

首先，你積極引導對方的大腦朝著審慎／理性的方向發展，跳離戰鬥或逃跑的窘境；這意味著你中斷了對方爬蟲腦的活動。若說對方的爬蟲腦像是爐上即將沸騰的一鍋水，那麼一、二個提問就有助於直接降低熱度，如此一來，我們才有機會重新將對話引回正確方向。

其次，問題本身有助於讓對方從理智和邏輯上，開始理解你對事情的看法，同時意識到，他們自己的論點和立場中可能存在的缺陷。

第三，當我們傾聽對方講話時，會啟動鏡像神經元，讓他感覺到自己獲得理

解。如此一來，他們才能聽進去邏輯和理性的論述。

當我們要跟別人建立關係時，應該善用兩大發掘工具「什麼？」和「如何？」問句，以及「你能否告訴我……」的用語。這些同時也是B計畫的基礎，只不過這裡的焦點會更加具體。

如何知道何時該堅持？何時該轉彎？

在進一步描述要如何做到這一點之前，我想先舉幾個例子說明，我們即將面臨的是什麼情況。以下是你可能需要用到B計畫的三種最常見情況，也就是當對方：

- 拒絕放棄立場。
- 嚴詞厲色抨擊你，或是你的建議。
- 暴怒。

接下來，讓我們逐一探索以上這三種情況。*

一、當某人拒絕放棄立場時

兩千多年前，一個名叫蘇格拉底的人走在雅典的街道上，他想到一個方法可以教他的學生，這方法稱為「蘇格拉底反詰法」（Socratic Method），也是哲學家至今仍在沿用的一種方法。做法是，他會問一些問題來闡明自己的觀點，同時讓他的學生了解到自己認知上的差距。透過引導學生提問，他們很快就會在自己的論點中看到了缺陷，而不需要蘇格拉底親自來提醒他們。

協議過程進展不順利時，最常見的情況之一就是有人拒絕放棄立場。當然，我們這時很容易就陷入立場之爭，也開始用同樣的方式跟對方鬥氣。不過，這是我們不惜一切代價都應該避免的事情。

在這種情況下，我反倒希望你能夠學習蘇格拉底的做法，也就是透過提問試圖啟動對方大腦中的理智區域。而且，你要問的不是隨隨便便的問題，而是非常特殊的問題。

•詢問對方以他的立場要如何解決問題

你只需問對方，站在他的這個獨特立場該如何真正解決問題，就足以啟動他大腦的理智部位。當然，你在問這個問題時，千萬不能帶著一丁點冷嘲熱諷的口吻。你反而要把對方的堅定立場，視為他想要滿足雙方需求的誠摯意圖，並且在提問時，你的態度要表現出你是真心想要知道他的回答。

現在讓我們重回我跟冰箱針對雞腿的討論，藉此演示實際狀況中要如何發揮作用。如果我繼續堅持：「我想要雞腿，別的都不要！」完全不考慮其他可以滿足我飢餓感的替代方案，那麼，冰箱可以這樣問我：「我沒有雞腿，而你肚子很餓。你所要求的東西並不存在，這如何能夠解決你的問題？」

在這個階段裡，我會發生什麼事呢？那就是我不得不開始邏輯思考，而不再只是情緒性的思考（運用我的杏仁核），如此一來，我就有機會理解到我的要求是多

---

* 羅傑・費雪（Roger Fisher）是哈佛大學研究中心「談判研究計畫」的創始人之一，他曾在書中提到，可能會導致一個人難以與別人合作的四種感受，分別是：未獲得理解、沒有感受到社區意識、不夠獨立、對其地位或角色有所質疑。

麼的不合理：我怎麼會去要求一個實際上無法取得的東西呢？

・以「假想論證」的形式提問

言下之意，就是我們提出一個假設性的論點，讓對方可以從另一個角度看待事物。這個方法之所以有效，得歸功於我在第二章提到的鏡像神經元。這些微小粒子是令我們無法同時生氣又展現同理心的原因，如果我們邀請同理心進來，那麼敵對情緒就必須離開，反之亦然。

舉個例子來說吧！如果你正站在打電玩打到欲罷不能的青少年面前，希望他能用功讀書。這時若要採用「假想論證」提問的話，你可以這麼問：「如果你是父母，你發現你的小孩，做了某件可能會對他們學業造成負面影響的事情，那你會怎麼處理呢？」

當我們提出這樣的論證時，瞬間就凸顯出對方的立場其實是多麼地荒謬，接著這名青少年的理智／審慎就會自然顯現出來。在這個例子裡，自然還是需要有切合現實的期望。這位青少年或許不會直接放棄他的立場，但哪怕他不服管教的防守陣線出現那麼一丁點的鬆動，也給了我們一個大好機會，讓我們可以將討論導引到另一個方向。

證實這個方法有效的還有一個歷史經典例子，就是埃及和以色列之間長久以來的衝突。當年一位美國律師有機會採訪到埃及總統納瑟時，他問納瑟總統：

「您到底想要什麼？」

總統回答說：「我希望以色列人完全撤出。」

「撤出？」

「沒錯，全部撤出。」

「那麼，您能夠提供以色列人什麼東西呢？」

「什麼都沒有，我們要求他們撤出，但絕不會給他們任何東西做為交換。」

美國律師問：「您認為這是合理的要求嗎？」

「管它合不合理，反正這是我們的領土。」

於是美國律師如此回覆：

「若是以色列總統梅爾明天在以色列電視台上表示：『我們已經放棄了我們的

領土，包括西奈半島、加薩走廊，約旦河西岸等全都放棄了，而且是在沒有任何交換條件的情況下放棄的。』您覺得會發生什麼事？」

納瑟聽完隨即大笑了起來。

「那麼她肯定會在自己國家遭受嚴重的抨擊。」

那些見證到這段對話的人，事後得出一個結論：納瑟隨即認知到自己提出的要求實際上有多麼荒謬，因此他當天就做出同意停火的協定。

二、當有人抨擊你或是你的建議時

當人們試圖達成共識時，往往會花費大量時間在批評對方、以捍衛自己的立場。在這裡，解決之道不在於捍衛自己，而是反其道而行，也就是**歡迎對方多批評自己**。同時，這裡也牽涉到必須問正確的問題。

與其要求對方接受或駁回某個提議，你不妨詢問他們在你的提議當中看到了什麼問題。這就像一種「柔話術」（verbal judo），你不但沒有出言抵抗，反而採取迴異的做法：靈活變通，而不是糾結在某些癥結點上。

讓我們再次回到我與冰箱的對話上。假設在那個夏天夜裡，我不僅肚子非常地餓，還非常地頑固。儘管冰箱給了我一個馬薩林杏仁塔和兩根香蕉，我的回答卻是：「馬薩林杏仁塔和兩根香蕉？你一定是在開玩笑吧！你怎麼可以認為我會能對這樣的垃圾提議說『好』？」那麼冰箱可以這麼回答：「我知道你不喜歡我的提議，你能否告訴我，你覺得這項建議的最大缺點是什麼？」這時的我突然被迫去啟動大腦裡的理性部位，而不是繼續表達我的不滿情緒，如此一來，通常足以讓即將沸騰溢出的那一鍋水停止沸騰。

倘若有人抨擊你，而不是抨擊你的建議時，解決之道就是你要表現出你把對方的攻擊視為對你建議的攻擊，而不是針對你個人。

如果我個人有攻擊過冰箱的話（雖然不太可能發生，但我們盡量想像一下這個畫面），那麼我或許會這麼說：「你這個沒用的老舊冰箱……你所能做的就是年復一年、不發一語地站在這裡，當我肚子餓時，你也不會伸出援手幫助我！」冰箱還是可以把這種嚴重的人身攻擊解釋成對它建議的攻擊，而不需要當成是針對它個人，因此它的回答可能會是這樣：「你說你一點都不喜歡我提出的杏仁塔和香蕉建議，那麼你認為這個建議裡的最大問題是什麼？」而這是一個引出對方批評的問題，而不是為自己辯護而造成僵局的問題。

三、當某人生氣時

當某人拒絕放棄立場時，我們可以問一個上述問題來處理，然而，如果對方太過份、非常生氣時，我們還問他們生氣要如何解決問題的話，恐怕就會引爆一場災難了。

遇到這種情況時，我們要著重的是找到令杏仁核（目前正以高速運轉中）平靜下來的方法。這時，並非曉之以理的好時機。事實上，企圖與某個生氣的人講道理，注定是會失敗的。

在這種情況下，我們要做的第一件事就是幫助對方宣洩他的情緒。換句話說，我們需要：

・給對方一個排解情緒的機會

當我們碰到某個非常生氣的人，大聲宣洩他對我們的不滿時，我們必須同時保持鎮定。然後，我們還必須表達我們理解他生氣背後的原因，以啟動鏡像神經元。

• 提問和傾聽

我們要肯定對方的獨特觀點，誠如我在〈步驟三：建立連結〉裡所說的。然而，在某人生氣的情況下，我們必須使自己遠離怒氣，否則結果可能與預期相反。而且，跟對方說「我理解

傾聽＋互動，能有效化解對方的怒氣

佛洛伊德是最早開始倡導「幫助對方宣洩情緒」的人。如果你讓某人釋放情緒、宣洩他們的敵意，將可幫助對方放鬆，進而恢復理性。日後，有許多研究人員支持、並進一步詮釋佛氏的此項主張。

以舊金山大學進行的一系列實驗為例，研究人員珍妮佛．帕拉米斯（Jennifer Parlamis）就成功證實了一點：如果某人只是排解情緒、宣洩怒氣，通常不會減弱其憤怒的情緒（即使這麼做或許多少能讓對方感覺好過一點）。事實上，真正有助於減低敵對情緒的做法，是在傾聽對方宣洩完憤怒後，立即與他進行正向的互動。

這兩者正是本章所描述的組合：排解情緒，接著再進行互動（以提問和傾聽的形式進行），這也是令盛怒之人得以冷靜下來、恢復理智的最成功方式。尤其當憤怒情緒的源頭是提問和傾聽的人，而非局外人或第三者時，這項策略更是特別有效。

你」並非理想的說辭，因為這麼說的話可能會得到對方這樣的反應：「這只是你自以為是的想法，你根本不了解我！」

當某人非常生氣時，ＦＢＩ會採用這樣一種話術，用「所以你……」做為開頭，這是解決問題非常好的一種方法。

假設當我發現雞腿不見了，非常生氣時，冰箱可以這麼說：「**所以你**現在不僅肚子很餓，而且還對發生的事情感到憤怒。」這句話的用意是同理對方的情緒，卻沒有加深他們的不滿。

本章重點

- 如果你發現自己已經盡力做好前面四個步驟，卻還是沒有任何進展，有可能是因為對方的理性已經被爬蟲腦接管了。這時的你就需要一個B計畫。

☞理想的B計畫是：提出問題，並且用心傾聽，藉此啟動對方大腦的理智部位。

小叮嚀

- 當你覺得對方已經死守立場時，可以問他這類的問題：「我聽到你堅持要……，你能否告訴我，這樣的堅持如何能解決你的問題？」或是以「假想論證」提問：「換作你是我的話，有人對你說了你剛才說的這些話，你會有什麼感受？」
- 當有人批評你或是你的建議時，請別為自己辯護。你應該廣納批評，並且這麼告訴對方：「你說不喜歡我的提議。能否請你進一步說明，你認為最大的問題是什麼？」

第2部

HAPPY HAPPY 溝通力的實際運用

第八章 運用HAPPY HAPPY溝通力前，你該注意的事

事情應該力求簡單，但不能過於簡單。

——愛因斯坦（Albert Einstein）

現在是時候開始實際運用HAPPY HAPPY溝通力了。我撰寫本書的用意，就是希望你能夠在各種場合都能運用這些步驟，在職場上、在家裡，以及在日常生活裡，讓你盡可能達到皆大歡喜的境界，進而享受隨之而來的許多優勢：理想的決策、較少的爭執，以及良好的人際關係。不過，在正式付諸實踐之前，我想再強調幾件事。

首先，這些步驟本身簡單而且自然。本書第一部分的目的並非要你精準掌握裡面所說的每一項技巧和訣竅，重點在於：你已經閱讀完，並且理解到每個步驟的目標。有時候，光是獲得這樣的認知，就足以讓你在現實生活中將內在的信念轉化成外顯的行為。

為了強調這些步驟真的很簡單，我想在正式介紹實際範例之前，先給一個簡約的版本做參考。

HAPPY HAPPY溝通力五大步驟的重點可以簡單總結如下：

步驟一：保持正面的心態

開始前，請確保你身處在正向的情緒中。

步驟二：深思熟慮

正式溝通前，先思索你和對方各自想要什麼，以及你要如何實現這些目標。

步驟三：建立連結

與對方建立良好的交往模式。溝通時提出問題、傾聽並回答。

步驟四：謹慎說話

談論內在需求和替代方案，但切記不要死守立場。

步驟五：備妥B計畫

如果你發現與對方談話碰壁，請提出問題，讓對方理智地提出解決方案，而不是為自己辯解或批評對方。

HAPPY HAPPY皆大歡喜

在一般情況下，以上這些全都是你本來就會做的事情，只不過你現在做這些事情的頻率比以前更高、也更有效率。再者，當你發現自己即將失控時（變得脾氣暴躁，或陷入意氣之爭），至少你知道一個幫助自己免於失控、重新引導自己回到建設性對話的超級簡單方法。

五大步驟可視情況調整

在這裡，我還需要提醒另外一件事，那就是：這五個步驟是根據特定邏輯建立的，各個步驟有它們一定的前後順序關聯。譬如說，「正面的心態」的步驟要先於「深思熟慮」的步驟，原因很簡單，因為如果我們保有正面的態度，就更容易審慎思考，因為在正面心態裡我們自然而然就會變得更明智。同樣地，「備妥B計畫」是最後一個步驟，因為通常在那個時間點，我們才需要以各種方式測試眼前哪一條路是最適合雙方的需求。

然而，千萬不要讓這種特定邏輯阻礙了你，你本來就可以自行調整步驟，以因應自己眼前碰到的狀況。譬如說，在對話過程中，你可能會想做出一個瞇眼微笑，或者你們雙方可能都同意讓彼此知道對於決定都感到滿意。又或者，你已經安排好跟某人會面，但見面後聽到的第一句話竟然是：「我只是想讓你知道，我的心意已決。」這時，你可能會想馬上啟用B計畫：「我聽到你說你的心意已決，但你能否告訴我，為什麼你還希望跟我碰面？」

運用HAPPY HAPPY溝通力的目的，是讓我們在溝通談判的過程變得簡單，得以增加我們獲取良好結果的機率。因此，別感覺綁手綁腳，也別把所有內容奉為嚴格不可更動的指導原則。事實上，你應該視這些內容為通用的建議，並根據你生活中遇到的具體情況進行調整。

如果你知道什麼事情能讓你的心情愉快，就在開始之前，用那件事情來保持你正向的心態。又，如果你發現自己在散步，或是聽到某種類型音樂時，思緒會變得特別清明、最富創造力，那麼在事前深思熟慮或思索最佳替代方案的步驟中，你也不妨嘗試這樣做吧！

第九章 職場篇——看到機會，而不是只看到障礙

成功方程式裡最最重要的一項元素，就是學會與別人相處。

——西奥多・羅斯福（Theodore Roosevelt）

人的一生有三分之一的時間都花在工作上；如果我們在工作中感到開心，那麼職場就是歡樂和滿足的重要來源，並且能夠讓我們感到人生有意義。但如果工作令我們感到不自在，那麼它可能會使我們的人生痛苦不堪，充斥著壓力和不滿情緒，而這些情緒往往會波及到其他的生活層面。

如果我們沒有達成協議的能力，那麼隨之而來的三個不良後果（不智決定、浪費時間精力和人際關係惡化）就會開始浮現，令我們無法開心自在，進而降低整體

的幸福感受。我的建議很簡單：透過與職場上的其他人達成共識，我們將全方位受益，這也是本章的主旨。

接下來，容我介紹安娜出場：她在IKEA工作，是一位有著兩個小孩的單親媽媽。當然，你的工作可能跟她截然不同，但這些都不重要。重點是在職場上達成共識的原則都是一樣的。現在，讓我們看看這五個步驟如何幫助安娜在工作中皆大歡喜。

策畫「廚房裡的永續發展」活動

安娜在IKEA家飾部門工作已有多年，一直希望能承擔重要的任務。幾週前，公司問她是否願意替廚房部門負責籌辦一場活動。安娜自然是開心到不行，因為這是她夢寐以求的機會。

安娜一向對環保議題非常感興趣，於是她提議該活動應該要強調永續發展性；活動經理也認為她的主意非常棒。她隨後聯繫廣告部門，請他們製作活動草圖，並想出了一個活動金句：「廚房裡的永續發展」。安娜同時建議，活動現場除了展示新型的環保電磁爐，還應該提供所有訪客免費試吃餐廳的素食小點，這個想法也獲得了大家的認可。

然而，這樣的喜悅並沒有維持太久。安娜從老闆那裡收到一封電子郵件，說「今年我們要進行一般的廚房活動」，這意味著環保活動必須延宕一段時間。安娜很驚訝，於是打電話給她老闆。老闆解釋說，他與負責全公司活動的協調人鮑勃出現了問題。他們應該早點告知鮑勃有這個新活動的，只是現在木已成舟。鮑勃之所以反對，是因為活動目錄都已經送印。老闆還說，如果安娜跟鮑勃意見不同的話，他必須以鮑勃的決定為主。

安娜決定隔天一早去找鮑勃談談，找出真正的問題所在，畢竟已經沒有多少時間可以浪費。

無法皆大歡喜的結果

「嗨，你有時間聊聊嗎？」安娜問。

鮑勃才剛脫下外套，正坐下來準備登入電腦，驚訝地抬起頭。

「哦，妳好！一切都還好嗎？」

「還好，」安娜一邊回答，一邊在鮑勃辦公桌對面的訪客椅坐了下來。

鮑勃說：「嗯，我現在正在弄電腦。」他坐在自己的辦公椅上看起來很舒服，同時以友善的眼神看著安娜。

「我聽說我的廚房環保活動有些問題，」安娜說，但不等鮑勃插話她馬上又接著說：「如你所知，我已經跟廣告部門那裡擬好了一套活動計畫以及廣告金句，一切都已經準備就緒。再說，我們還想藉此機會展示新款的電磁爐。」

「我覺得這個活動看起來很有趣，但問題是，提出活動內容的截止日期是上星期。所以，我認為這項活動延到明年再做會比較好。」鮑勃回答，然後伸手拿起桌上的杯子。

「當然，有些事情是可以緩一緩再做，但就環保議題而言，我們的廚房部門本來就已經落後許多，為何還要把環保活動延到明年做呢？」安娜雙手向外一攤地，無奈地問。

「我知道妳很失望，但是我也必須考量到所有的活動，再說，目錄早在兩天前就已經送去比利時的印刷廠了。」

「我認為你並沒有意識到我為此投入了多少時間，全都始因於管理階層的一句話。假如他們不希望舉辦這次活動，那為什麼還要來問我呢？」

「但是安娜，妳知道我是所有活動的負責人，而且……」

「如果這次的活動跟環保無關，你是不是就認為它比較重要呢？」安娜提高音量說。

「妳這麼說就太不公平了。要知道，確保所有活動順利進行是我的責任所在，對於這樣的決定，妳也只有接受的份。」鮑勃說。他直視著安娜，堅定地說：「現在原諒我得請妳離開，我還有其他事情等著處理。」

安娜起身離開房間，連再見都沒說。

你或許會想，安娜在這裡的表現並不太好，我全然同意。那她做錯了什麼呢？因為她：

- 從一開始就抱持錯誤的態度。

- 跟鮑勃見面之前沒事先做好準備。
- 沒有跟鮑勃建立良好的連結。
- 選擇了「錯誤」的用詞。

不過，安娜有可能認為談判破裂都是鮑勃的錯，而完全沒有意識到是她個人的行為導致問題未獲解決、關係更加惡化。事實上，安娜可以採取不同的行動，獲取完全不同的結果；而且不需要付出更多的努力。現在，讓我們從頭來過。

走向皆大歡喜的結果

安娜走向每天早上都會搭乘的十二號公車候車亭時，看到了一些熟悉面孔。她通常會尋求眼神交流、向一些人打招呼，但在這個特定早晨裡，她發現自己滿腦子只想著未能成功曝光的廚房活動，沒有多餘心思想其他的事情。

上車後，安娜意識到自己應該利用這段時間讓內心平靜下來。她早餐只吃了一點東西，現在她想起包包裡還有一個蛋白質能量棒。拿出來吃完之後，她感覺好多了，於是開始把注意力放在自己的呼吸和身體的感覺上（步驟一：保持正面的心態！）

她很快意識到發生了什麼事，所以她認為自己必須採取某種行動、用最好的方式去解決問題。為了整理自己的思緒，她拿出記事本，開始思考對雙方都重要的事情（步驟二：深思熟慮）。安娜得出的結論是，對她來說最重要的是，證明她有能力承擔責任，或許不一定是針對這次的活動。當她想到鮑勃時，她確定他在意的是，所有活動得以順利且有效率地進行。當然，他們都同樣希望活動最後能夠成功。

安娜的重要事項清單如下頁所示：

我	鮑勃
展現責任感	效率
成功的活動	成功的活動

當安娜看著自己的重要事項清單時，她發現，即使她和鮑勃對於眼前發生的事情有著不同的看法，但仔細想一想，他們之間實際上並沒有太多的意見分歧：安娜對於活動應該有效率進行並未持反對看法，而且鮑勃也不可能對於她承擔更多責任這件事會有任何意見。

她想了一些替代方案後，決定打電話到廣告部門。在電話裡她發現到，雖然所有活動內容通常都會印在目錄中，但並非絕對必要。有時候，IKEA會先針對某些活動進行試營運，之後再正式出現在目錄裡。聽完之後，安娜現在心情好多了。

過了一會兒，安娜來到鮑勃的辦公室外面，先是在門口擠出瞇眼微笑、做出幾個深呼吸後才敲門，即使門是半開的。

「嗨，可以佔用你一點時間嗎？」安娜開口問。

鮑勃才剛脫下外套，正坐下來準備登入電腦，驚訝地抬起頭。

「當然沒問題！一切都還好嗎？」

「一切都很好，而且只要我有咖啡可以喝，就會變得更好，」安娜回答，心滿意足地舉起她手裡的杯子，然後坐了下來。

安娜看著鮑勃辦公桌上的最新目錄樣本，問了幾個問題（她知道目錄是鮑勃的驕傲和喜悅）。鮑勃熱情地描述他投入的所有努力，也非常滿意印好的目錄。安娜在整個過程中都一邊聽一邊點頭認可（步驟三：建立連結）。

安娜看鮑勃似乎已經談完後便接著說：「我聽說那個廚房環保活動好像有些狀況。」

鮑勃解釋說，現在比利時的新印刷廠製作目錄的過程更加複雜。接著，他看著安娜，並以真心道歉的口吻表示他知道她已經籌劃了一個活動，只是現在要把它臨時加進去實在很困難。

安娜決定以最好的方式介紹她的計畫，先是詳細描述她是如何受到徵召而開始這個環保活動，再講到她對於食物還有其他活動的安排（步驟四：謹慎說話）。鮑勃專注聽著，隨後安娜開誠布公地說出她自己的內在需求，做為總結：

「對我而言，這也是我一直等待以久的機會，證明我可以獨挑大樑籌辦一場活動。」

說到這裡，他們都沉默了片刻。接著安娜又問：

「現在真的完全不可能重新安排嗎？」

鮑勃說：「說不可能是有點誇張啦！」他似乎正努力用機智的話語來回答這個問題。安娜則是靜靜等著鮑勃的下一步行動。

「要不我們這麼做吧！」鮑勃接著說下去，彷彿已經想得十分周全，「我會看看我這邊可以做些什麼，目錄打樣可能還沒送達比利時。今天下午我們再聯絡看看吧！」

安娜隨後離開，並在當天稍晚打電話給鮑勃，他告訴她目錄有辦法進行修改，而且可以加入安娜籌辦的活動。兩人都感到皆大歡喜。

事情就是這麼順利：藉由事前準備和深思熟慮，將有助於我們具備更富建設性的談話過程，提升我們解決問題的能力，並讓我們以正向的心態面對整體局勢。有時候，光是抱持著正面的心態就足以讓事情順利進展。再說，重要事項清單也發揮了重要的作用。

在這個例子裡，我們看到重要事項清單對安娜帶來的各種好處。這意味著她：

- 看到機會，而不只是看到障礙。
- 放下她的自我，變得更放鬆、更正面。

而她的這些改變又反過來對整起對話帶來了正向的結果：讓安娜更容易抱持正確的心態，並且以適當的方式開始對話，以良好的態度表述自己，從而令鮑勃有更多機

重要事項清單的替代版本

職場有時候真的非常複雜。在我們的工作當中，通常會牽涉到許多的人，有必要兼顧眾人的意願。這時，重要事項清單對我們來說格外有幫助。

我們看見安娜事前是如何利用它將雙方的需求條理列出，這麼做有助於她在整個對話裡保持正確的方向。有時候，跟對方一起製作重要事項清單也是不錯的主意。換句話說，你可以積極地建議對方，一起為討論的內容，以條列式列出重點。

你或許可以這麼說：「好吧，如果我在白板上寫下一些東西，你覺得會不會比較清楚了解我們要討論的內容？」接著，你只需畫出一條垂直線，在左邊寫下你認為很重要的內容，然後由你（或由對方也可以，就看哪種情況比較適合）將他們認為最重要的內容寫在線的右邊。

如此一來，你將你們各自的看法或需求提出來放在一起，雙方就可以一起觀察情況，進而嘗試找出解決方案。就如同你獨自製作重要事項清單時一樣，你們要採用什麼方式製作清單完全無所謂，不需準備一個翻頁書寫板，甚至你們只要寫在一張紙上或餐巾紙上就行了。

不妨找機會實踐看看，相信你會驚訝發現，透過如此簡易的方法，就能將對話引導到有建設性的合作方向，實在是太簡單了。

會看清楚她的觀點。於是，當安娜順利建立了連結，而讓鮑勃願意助她一臂之力，達成目標。因此B計畫就不必派上用場。

當然，日後若是有人問起，鮑勃應該不會說：「安娜跟我建立了良好關係，所以我盡我所能滿足了她的需求。」以他的聰明才智，等活動落幕後他可能自有一番解釋，說明之前事情為何會如此發展，以及他為什麼做出這樣的決定。他可能會說，這些絕妙的主意都是他想出來的，是他妥善解決了所有的問題。

不過，這些都不是我們要在意的問題。畢竟我們的目標不是要獲得官方認可或勳章，宣告天下說我們順利與他人達成協議。況且，我們也需要給對方一些足以自負的事蹟，讓他們以此為榮。至於我們本身，光是「做正確的事情，讓結果能朝更好的方向前進」的事實，就足以讓我們感到滿意。

本章重點

☞在職場裡，打好人際關係很重要。我們很容易以為一切都只與眼前的問題有關，但這種想法是錯誤的。如果我們希望自己的想法可獲得他人的正向回應，那麼職場上的人際關係就相當重要，因為這能讓事情順利進行。

小叮嚀

- 在工作中，你可能得處理許多複雜的事情，這時重要事項清單能助你一臂之力。除了事前獨自練習製作重要事項清單，你還可以與別人一起製作；相信你會對結果感到大吃一驚！

第十章
家庭篇——你的正向改變，就能影響全家人

如果我們內心平和、感覺自在、並且能夠微笑，那麼整個家庭都會受到我們的平靜所影響。

——一行禪師

在家庭裡，常會碰到家人跟我們看法不同的情況，甚至每天都在上演。然而，會一起生活的人，都是對我們十分重要的人，因此我們尋求共同前行的動力也就非常高。

為了說明我們如何在家庭裡運用這五個步驟，在本章中，我介紹亞當和夏娃這對夫妻登場：亞當是高中老師，夏娃則在一間公司擔任客服人員。

你的家庭環境可能跟他們截然不同，但這不是重點，因為我的建議在各種不同的家庭環境都有效。實際上，我對家庭的定義是指由你所愛的人所組成，你們甚至不需要住在同一個屋簷下。因此，無論你才二十歲、還是單身，或者你是擁有三個孩子的單親媽媽，當你到父母家共度聖誕假期時，或是平時跟你的青少年女兒討論事情時，都可以採用我的建議。

現在，讓我們看看亞當和夏娃是如何在家裡應用這些步驟的。

改造陽台的意見分歧

三月的一個早晨，亞當跟夏娃一邊吃著早餐，一邊聊著他們的陽台。他們都同意陽台需要做個遮雨蓬，而且現在是時候連絡廠商來施工了。由於他們早餐沒有太多時間可以詳談，他們決定晚上回到家再繼續談。

亞當在開車去學校的途中繼續想著陽台的事，其實他和夏娃對於陽台該如何改裝的想法略有不同：夏娃堅持要做遮雨篷外，也要做側擋板，把整個陽台變成封閉式空間。然而，亞當知道一旦陽台四周都被封住的話，他肯定會出現幽閉恐懼症。

因此，他希望在前面做一個開口。但問題是夏娃不同意，每當亞當試圖提到這個提議時，整個氣氛就會變得有些緊張，嗯，比「緊張」還嚴重一點啦！

到了學校，亞當完全投入教學之中。放學後，在開車回家的途中，對於陽台的想法才又重回他腦海。他決定回到家後就提出這個意見，反正他遲早都得說，內心期盼希望一切都能順利。

首先讓我們看看，若是亞當不利用我們學到的五個步驟，會發生什麼事。換句話說，若是任由事情自然發展，最後會發生什麼結果。

無法皆大歡喜的結果

亞當教了一整天的書之後感覺很疲累，回到家後，他跟夏娃打招呼，注意到她看起來也是壓力很大。夏娃開始抱怨她辦公室的一些新規定，但亞當並沒有仔細聽她說，因為他正專心試圖打開在回家途中購買的壽司餐盒。這時，亞當想起了早上的討論，雖然現在討論這個話題不會太輕鬆，但他樂於接受挑戰。

於是，亞當開口說：「夏娃，妳知道嗎？如果我們不遮蔽整個陽台，而是在前面挖一個開口，妳覺得怎麼樣？」

夏娃看起來一臉茫然地回答：「開口？」

「是呀！我們今天早上說晚一點會討論，我覺得如果我們看出去可以看到整個庭院，豈不是更好？」

夏娃說：「你也知道，後面有時候風很大。我還以為我們已經決定好要怎麼做了，你還說你會打電話給遮雨篷公司。」

亞當接著說：「好吧，這樣的想法也沒什麼不好，只不過我覺得自己好像坐在一個軍事掩體裡。」

「軍事掩體？」夏娃的聲音和表情都感覺很生氣。

亞當反擊道：「我只是覺得陽台沒有完全遮蔽會比較好，關於這點我之前早就跟妳說過了。」

「你每次都只想到你自己一個人，不是嗎？我們難道不是兩個人都要一起坐在陽台嗎？」

「我只是不想讓自己感覺被關在密閉空間裡而已，」亞當為自己辯解。

「那樣的話，你可以另外找一個讓你感覺更好的人一起坐在陽台！」夏娃突然從椅子上站了起來，大聲道。

「冷靜一點，」亞當說，但夏娃已經走出廚房，留下亞當一人坐在餐桌旁，想著到底是哪個環節出了問題，以及為什麼到最後會演變成這個結果。

對亞當來說，事情進展得並不順利，對吧？他犯了哪些錯誤呢？

- 帶有負面的態度。
- 完全沒有做任何準備。
- 回到家以後，未能與夏娃維持良好的連結。
- 以錯誤的方式提出建議。
- 談話氣氛變差時，不知道該如何應對。

上述種種錯誤導致大家都不高興，也沒有得出任何明智的結論。他們浪費了時間和精力，甚至兩人關係還出現了令人不快的小裂痕，至少看來會持續一段時間。

相信你對這樣的情況並不陌生，只不過你碰到的問題應該跟陽台無關。但為何人們會任由這種事情經常發生？為這些事情所付出的代價可能非常高，不過想要讓結果變好並非難事。

那麼，現在就讓我們看看，亞當如何簡單獲得更好的結果。

走向皆大歡喜的結果

亞當需要做的就只是善用ＨＡＰＰＹ ＨＡＰＰＹ溝通力，而且必須在他踏入家門那一刻開始就要實行，所以我們先去看看亞當的工作情形：

亞當坐在電腦前，查看當天的電子郵件。他剛吃完午餐，現在距離下一堂課還有十分鐘的空檔。他回想起早上的聊天，心裡感到一些壓力：要讓夏娃改變主意會不會很難？他們會不會為此吵起來呢？

他提醒自己，要使談話順利進行，首先要保有正面的態度，而且這時他正準備這麼做（步驟一：保持正面的心態）。亞當按摩眼睛周圍的肌肉，並注意到自己的嘴角跟著慢慢上揚（瞇眼微笑），片刻之間，一股溫暖的感覺從他的臉龐傳到他全身上下。他立刻感到更加樂觀，並問自己說：「在這件事情上真正重要的是什麼？」亞當驚訝發現，儘管他覺得遮雨篷和側擋板的設計很重要，但無論如何它都不能優於他們真心想要的東西，那就是在室外規畫一個能夠讓他們一起享受放鬆的地方（步驟二：深思熟慮）。

有了這種想法後，亞當現在感到更有自信，並開始利用Google搜尋陽台設計。他找到了一個提供陽台裝修風格建議的網站，有些人選擇把一片樹脂玻璃裝在前面擋風，或是天花板上垂墜長條窗簾的美麗照片（可以替陽台增添一些浪漫氣息）。亞當想，這樣很棒，如今我有許多不錯的替代方案了。這時上課鐘聲響起，打斷了他對陽台的想法。於是亞當關掉電腦，離開辦公室。

幾個小時後，亞當拎著公事包回到家，看見夏娃也剛在餐桌旁坐下來。亞當拿出兩盒壽司，在夏娃對面坐下，並在臉上再次露出瞇眼微笑。

「今天過得怎麼樣呀？」他開心地問。

「我快精神崩潰了！」夏娃開口說，聽起來不像亞當那麼開心。「新的商店管理階層決議，所有員工每年必須籌辦一次活動，還要負責裝飾部門環境。我實在不知道我們要如何做到這些事，同時還得兼顧到其他大大小小的工作。」

亞當接著說：「聽起來很難呀！」

夏娃解釋管理階層的新策略，對所有工作人員來說是多麼不可能做到的事情，亞當專心傾聽夏娃的話，並謹慎地點頭認可（步驟三：建立連結）。

等夏娃說完之後，他們便專心吃著自己的壽司餐盒。隨後亞當接著說：「哦，對了，我們今天早上聊到陽台的事，妳後來有再花時間多想一下嗎？」

「沒有欸！」夏娃一邊回答，一邊專心吃著壽司。

亞當決定把整個談話的重點放在對他們都重要的事情上：

「我其實一直在想這個問題，發現我們有個共同的目標，就是擁有一個足以供妳我享受放鬆的舒適陽台，對吧？」（步驟四：謹慎說話）

「的確如此，像現在的我就非常需要。」夏娃嘆了口氣。

「有一次我們坐在強生家（鄰居）的陽台，妳還記得嗎？我曾說過我真的不喜歡他們的裝修方式，儘管我知道陽台後方的風會很大，而妳又不喜歡坐在風口吹風。」

「嗯。」夏娃一邊咀嚼食物一邊喃喃回應。

「其實我今天有搜尋了一下，有幾種解決方案既可以帶來開放空間感、又可以有效防風。一種就是在前面裝一片完全透明的樹脂玻璃。」

「樹脂玻璃？亞當，那聽起來好像一點都不舒適呀！」夏娃看著他說。

「沒錯，但真的是這樣做。另一種則是從天花板上垂墜幾條長形窗簾，看我們的心情來選擇放下來或是拉上去。我找到了一張照片，可以給妳看看裝好之後的模樣，我覺得那樣真的很浪漫。」亞當繼續說，也很高興他事先多準備了一些替代選擇。

「嗯……或許吧，」夏娃說。「我們等一下再來看，好嗎？」

「當然好呀！親愛的，這灸烤鮭魚真的很棒，對吧？」

他們在上床睡覺前、以及第二天早餐時都一起Google找了陽台的範本，隨後由亞當負責打電話給遮雨篷公司，安排半開放式的遮雨篷工程。至於夏娃的任務，則是負責是找尋合適的窗簾。

在這裡，我們可以看到前四個步驟，是如何幫助亞當避免犯下稍早的錯誤，同時還帶來三個主要優點：

- 做出明智的決定。
- 不浪費時間和精力。
- 建立更友好的關係。

但是，假如夏娃不像她平時那樣講理，反而堅決不退讓一步的話，會發生什麼呢？這樣一來，亞當當然就得拉下備用降落傘的繩索，也就是啟動步驟五：「備妥B計畫」。

讓我們假想一下，如果夏娃壓力爆表的話，她的口氣聽起來會如何呢？這時，她可能會對亞當的建議做出了這樣的回答：

「樹脂玻璃？除非我死了，否則休想！這樣我會覺得自己像是水族館裡的魚！」

「是呀！妳或許是對的。另一種選擇則是從天花板上垂下長長的窗簾，看我們的心情隨時放下來或是拉上去。我找到了一張照片，妳可以看看裝好之後的模樣；

如果妳問我意見的話，我會說那真的很浪漫。」

「窗簾？從天花板上垂下來？門都沒有，亞當，我只想要一個完全封閉的陽台，完全沒得商量。」

這時，我們面對了一個極度活躍的爬蟲腦，而亞當急需一個非常棒的B計畫（步驟五：備妥B計畫），否則討論會失焦。如你所知，B計畫的目的就是讓夏娃大腦裡的理智部位開始運作，為了達成這個目標，亞當只能透過兩種方式。首先要問站在她的立場該如何解決這個問題：

「夏娃，妳我已經達成共識，想要擁有一個讓我們都感到舒適的陽台。那麼，妳能否告訴我，當妳現在突然說不想商量時，我們要如何才可能更接近這個目標呢？」

此外，亞當還可以利用假想論證來啟動夏娃大腦的理智區塊：

「夏娃，今天早上我們說過要討論陽台的事。如果換作妳是我，碰到一個說『完全沒得商量』、拒絕討論這個議題的人，妳會有怎麼的感覺？」

透過這些策略，我們已經大幅提高讓夏娃的爬蟲腦冷靜下來的機率：她會開始運用大腦的理智部位思考。隨後，亞當應該就有很大的機會，重新將對話引導往正確的方向發展。

如何讓青春期的孩子主動整理房間？

在家裡要做到皆大歡喜，讓每個人都滿意，其方法有別於職場或休閒生活領域，尤其是在牽涉到兒童和青少年的情況下，更具有挑戰性。讓我舉個例子說明吧。

你家裡有個青少年，他不想打掃房間，而且髒衣服愈堆愈多。當然，你可以氣沖沖地衝進他房間，跟他說：「你現在馬上給我開始打掃房間，否則一星期都不准玩電玩！」

但問題是，這種做法的效果不會太好，並且極有可能以衝突收場，而問題還是沒有解決。不過，藉由以下HAPPY HAPPY溝通力，事情會更加順利。

步驟一：保持正面的心態

你一開始就對此問題採取正面的心態，如此一來你就會相信一定能找到讓雙方都感到滿意的解決方案：你可以藉由一杯咖啡、個人專屬的快樂公式、瞇眼微笑，或是任何一個足以讓你心情愉快的東西。

步驟二：深思熟慮

你很清楚自己希望家人都能幫忙家事，並且互相扶持。你用Google搜尋這個議題，找到了一些替代方案，像是「全家人在每週特定時間一起打掃所有房間」，還有「大家盡可能快速打掃完畢，隨後再一起做些有趣好玩的事情」。

步驟三：建立連結

你以正面的態度和眼神，走進你青少年兒女的房間，跟他聊聊學校、聊聊這一天過得如何，或是談談他當時想聊的話題。

步驟四：謹慎說話

你向他解釋，為什麼一家人互相扶持對你來說那麼重要。你提出你的想法，同時也傾聽他的反應。

步驟五：備妥B計畫

如果對方說：「門都沒有！除非我死了！」，這時，你應該再跟他解釋，為什麼這個議題對你如此重要，接著提出一個假想論證：「若他換成是你，碰到某個家人無視於別人總是幫他，自己卻不願為其他家人付出，他會怎麼做。」

如此一來，你的想法如願獲得正面回應的機率就能大幅提高。不過，所謂的正面回應，不見得是迎來對方的一個燦爛笑容。即便對方最後以一副臭臉說著「哦，好吧」，也算是皆大歡喜的結果。

從長遠來看，你的青少年小孩會因為自己的物品整頓得更有條理，以及養成在家裡幫忙的習慣，而讓你感到更加滿意。

實際上，家中有兒童或青少年的情況與挾持人質情況有許多共通之處。在人質案件裡，警察不得不對對方採取的行動承擔起全面的責任。父母扮演的角色也是如此：父母有責任看顧孩子未來的發展，相對地，孩子的問題和挑戰也有很大程度需要由父母承擔。

本章重點

☞家庭是我們跟家人和心愛對象一起的實踐「皆大歡喜」的場所，因為家庭成員的滿意度、人際關係、合作通常都很重要。

小叮嚀

- 如果你或是其他家人出現負面情緒時，你可以先透過改變自己的態度來獲取好的結果（通常這樣做也會影響別人的態度）。這不僅在對話開始之初有用，當事情進行不順利時也很有效。

- 一旦你意識到自己在批評或辯解時，請開始提出問題，並觀察隨後發生的情況。你會驚訝發現，光是一個簡單的B計畫，就能對你家裡的氣氛造成多大的正面影響。

第十一章
生活篇——與立場不同的人，也能建立良好關係

在閒暇時間裡，我們展示自己的真實面貌。

——奧維（Ovi）

「在我們人類的生活裡，有沒有哪個時候不需要進行五年計畫、不需要按照組織的時間表行事呢？」

德國哲學家兼作家尤瑟夫・皮柏（Josef Pieper）提出了這個問題，並自己給出了答案：「有的，這個時候叫做『閒暇』。」

即便對我們許多人來說，今日工作與休閒之間的界限更模糊、更不明確，但事實上我們多數人在工作之外，還是有很多閒暇時間可以任意運用。

有時候我們或許沒有精力或動力在閒暇時間讓自己動起來，但大多數人至少偶爾會積極安排一些活動，而不只是瘋狂一口氣追完好幾季的電視劇（儘管追劇有其特殊的樂趣）。好不容易我們從電視前面的沙發站起身、踏出家中大門時，我們會遇到跟自己觀點不同的人，也許在俱樂部、社團，或是其他的聚會裡。

在休閒生活裡，我們跟其他人的關係和連結方式可能有所不同，而且相較於職場，這裡的關係比較輕鬆，但這並不表示他們就不重要。這些人際關係會讓我們知道並非凡事都要以工作為中心，休閒與放鬆會帶給我們一種安心與穩定的感覺。因此，我們也很需要跟這些職場以外、與我們抱持不同想法的人達成協議。

接下來，容我介紹對足球非常感興趣的奧利佛出場，他今年二十五歲，從事IT產業。閒暇時，他參加業餘足球隊，同時也在家庭俱樂部「馬洛西競技協會」指導少年足球員踢球。即使你對足球沒有多大興趣，都在整地種植花草，或是忙著參展貓咪選美秀，但這些步驟對你同樣有用。現在讓我們看看這五個步驟如何幫助奧利佛在休閒生活中皆大歡喜。

足球是適合所有人，還是只適合某些人的運動？

有一天晚上，我們看到他在訓練完十三至十六歲的青少年球員、開車回家的路上，心情似乎並不太好。

奧利佛坐在駕駛座上，不耐煩地用手指在方向盤上敲打著，打算等交通號誌變綠後直接違規迴轉，因為他想要循原路再開回俱樂部。奧利佛剛才接到另一名教練的電話，得知新任理事長有意把三支球隊減少到一支，而奧利佛指導的球隊，正是即將裁撤的兩支球隊之一。

不過，真正讓他擔心的不是他自己的執教時間。目前，馬洛西競技協會擁有一支「競賽隊伍」，裡頭都是最優秀的少年足球選手。協會裡還有兩支「種子隊伍」（也會出賽足球盃或是區域賽事），裡頭都是那些無法入選「競賽隊伍」的球員。由於俱樂部沒有足夠的替補球員來填補這兩支種子隊伍，所以偶爾當有比賽時，就必須找競賽隊伍的球員充人數。因此，競賽隊伍裡選手出賽的次數往往比他們預想得多，而且還得跟不同程度的隊員比賽。

奧利佛深信，透過這種方式混合球員出賽可以強化團隊精神，而且讓種子隊伍的球員參加比賽，會讓他們覺得這一切都是在「玩真的」。一旦這種感覺消失了，他相信隊伍裡有很多小孩從此就不會再踢足球。

可是現在，新任理事長亨利顯然已經決定將這兩支種子隊伍合而為一，變成一支比較大的隊伍，只有大家一起訓練，但不用參加任何比賽。這麼做的好處是，競賽隊伍的成員就不必經常參加比賽，而有機會多休息，這才是他們需要的。亨利還希望，每年一次從這支大的種子隊伍裡選拔好的人才進入競賽隊伍。不過，這種做法，卻跟奧利佛的理念背道而馳，他認為少年足球運動的意義和目標不應如此。因此他打算找新任理事長談一談。

無法皆大歡喜的結果

「你好！」亨利說，同時把裝滿球的網袋往肩上一揹。「最近過得好嗎？這些球必須拿去儲藏室放好。你看，就連馬洛西競技協會的理事長也得幹這些粗活呀！」

奧利佛回答：「日子過得還算馬馬虎虎。」他很高興看到亨利還沒忙完，於是馬上接著又說：「唔，我有個問題。在秋天之前取消種子隊伍的這個決定，真的是對的嗎？」

「是的，事情是……」亨利開始回應。

「我真的不太明白，委員會是怎麼想的？」奧利佛說，雖然他清楚知道這都是亨利的主意。

「我們昨天開會時，討論到這個問題。」亨利把整袋球拿下來放在他眼前的地上。

奧利佛眼神堅定地看向亨利說：「你的意思是，可能是有些父母一起發牢騷，抱怨他們天賦異稟的青少年兒女必須跟那些不那麼優秀的人一起踢球。這就是真正的原因，是嗎？」

「我只是認為，有些人一週必須參加三場比賽實在行不通，這樣可能會有過多的運動傷害。從長遠來看，我認為新做法這對我們有好處。」

奧利弗反駁道：「但問題是，這對小朋友來說有幫助嗎？你自己也曾經做過教練，你應該明白，最重要的不是投某些父母所好，絕對不能這樣做！真正重要的是協會的活動必須要更多元。」

亨利一邊說一邊再次揹起那袋球：「這件事跟父母沒有關係，是關係到我們的長期策略。」

「那是以什麼樣的方式呢？」奧利佛說，這時的他交叉雙臂站著。

亨利說：「現在我得把這些東西拿去鎖好。」隨後轉身向會所走去，表明談話結束了。

奧利佛大聲說：「其實，我不確定這間俱樂部是否適合我。」

「至少你我在這件事上都有共識。」亨利頭都沒回地說，隨即關上身後的門。

我們又來了，而且注意到奧利佛並未成功替少年球員找到解決方案，而且結果恰好相反。奧利佛做錯了什麼呢？

- 談話一開始心情就不好。
- 沒有事先做好準備。

- 馬上就跟亨利採取對立的觀點。
- 無法針對實際問題展開建設性談話。

接下來，我們要為奧利佛再提供一次機會，讓他有更好的做法，進而令俱樂部的所有成員都能獲益。現在讓我們看看他使用這五個步驟後的實際情況。

走向皆大歡喜的結果

坐在車裡的奧利佛發現，在忙完一整天工作和足球訓練後，他真的很累。當他想到剛才聽到的內容時，覺得今天晚上先跟亨利談會比較恰當，只不過，他認為今晚談應該不會有好的結果。最好還是先開車回家、睡個好覺，等明天再來處理。況且明天是星期六，亨利幾乎都會待在俱樂部裡。於是當交通號誌轉綠時，奧利佛決定直接開車回家。

奧利佛一夜好眠，起床後跟女友麗莎共進早餐，心情非常好（步驟一：保持正面的心態）。當下他感覺昨天接到的訊息離他有點遙遠。奧利佛將自己真心想要的結果用一句話寫出來：我希望俱樂部能提供好的活動，盡可能吸引更多的年輕人參加（步驟二：深思熟慮）。奧利佛認為，新任理事長的想法跟他一致，他有信心可以找到解決問題的辦法。當他花了一點時間試圖想像新任理事長的觀點時，他好奇地想知道新任理事長決定背後的真正依據，他決定等他們見面後再設法找出來。他穿好整套訓練服之後，隨即出門。

在開車的路上，奧利佛繼續思索其他的替代方案。假如問題在於競賽隊伍成員出賽頻率太高，那麼他有兩個替代的解決方案。首先，只需有一支種子隊伍，而不用到兩支，這樣一來，需要找競賽隊伍成員填補空缺出賽的機會就會減少，或許光是動用到那些本身想要多參賽的球員就夠了。其次，他們也可以在兩個種子隊伍之間調動球員。當然，整體來說水準會偏低，但至少只要隊員自己願意，每個人都有機會參加比賽。

到達俱樂部後，奧利佛一下車就在會館外面看見亨利，他正在整理昨天活動結束遺留下來的圓錐筒。真是負責任的理事長呀！奧利佛一面心想、一面朝他走去，同時不斷默唸他的快樂公式（謝謝、派對、麗莎、最棒！）。

「你好！」亨利見到奧利佛時說，同時彎下腰撿起地上的最後一個圓錐。「最近還好嗎？」

「還不錯，謝謝，」奧利佛回答。「你有幾分鐘時間可以聊聊嗎？」

「當然可以，不過我要先把圓錐筒放回儲藏室。」

奧利佛伸手去拿某人昨天忘記收好的一袋球，「這袋讓我拿吧！」

「我聽說你正在為球隊制定一些新計畫，」當他和亨利在俱樂部會議室裡坐定後，奧利佛說。

亨利開始聊起球員父母，說他們打電話過來表示他們的孩子因為比賽過多而受傷，不得不跟學校請假，他感到自己有義務做些處理。奧利佛用心傾聽，中間問了幾個問題，並頻頻點頭（步驟三：建立連結）。

過了一會兒，奧利佛覺得他們之間的狀態很好，是時候用最好的方式表達他個人的觀點了（步驟四：謹慎說話）。於是，他先詳細講述他對青少年田徑運動的概略看法，以及他為何那麼重視讓每個人參與其中（內在需求）。亨利望著奧利佛並且點頭認可的同時，臉上的表情相當嚴肅。

接著，奧利佛堅定（且強硬地）表示：「在我看來，廢掉種子隊伍的話，等於違背了我們普遍推廣足球運動的概念。那麼，委員會討論時是怎麼說的呢？」

亨利堅稱，他同樣也重視普遍推廣，只是他意識到自己必須針對父母的抱怨做些因應措施。

於是，奧利佛提出他的替代方案建議。亨利感興趣地聽著，然後問奧利佛能否幫忙籌辦選拔活動，遴選出唯一一支初級球隊，同時也幫忙做些行政工作（事實證明，亨利一點都不喜歡文書工作）。奧利佛表示，他可以負責行政文書以及跟父母的聯繫，亨利看起來非常地高興。

「我明天會再跟委員們開會，告訴他們我們今天的談話內容，然後星期一晚上我們再來見面談，好嗎？」亨利一面說一面伸出他的手。

「聽起來不錯。」奧利佛說。

兩人握完手之後，各自離去。

在奧利佛使用這些步驟時，情況變得好多了。

這時你可能會這麼說：「等一下，他們明明還沒達成協議，不是嗎？」

沒錯，他們尚未做出決定，但相較於前一個情境，奧利佛順利達成共識的機會要大多了。我們應該以達成共識為努力的目標，但有時候卻不可能做到，這也不見得是壞事。

如果你不能當場做出決議，那麼好處是你有更多的時間向前推進自己的立場。以奧利佛的例子來說，經過第一次會談之後，他現在知道得更多，理解亨利的理由以及委員會決定的依據。況且，奧利佛還與亨利建立了連結，這對他在下次開會時很有幫助。

當奧利佛在下次會議前使用這些步驟進行「深思熟慮」時，他或許會想到先跟國家田徑協會聯繫、跟他們進行討論。對方很有可能會提供他一些想法，列舉其他地區協會如何解決同樣問題的範例，同時還能向他說明國家法規。這意味著奧利佛在下一次會議上能夠具備更豐富的知識，和更多的替代方案，以利解決問題。

藉由這些步驟，奧利佛在接下來進行的討論裡會具備相當大的優勢，大幅提高協會做出明智決定的機率，而且是以極為和平的方式。同時，他還跟亨利建立起良好的長期關係，即使問題沒有立即解決也無所謂。

B計畫不一定每次都會用得到

在上述例子裡，我們還看到，奧利佛只用了前面四個步驟，就足以打動亨利。當然，如果亨利拒絕討論此問題並這樣回答：「我已經做出決定，沒有什麼好討論的！」

那麼奧利佛自然可以動用他的B計畫，詢問亨利他這樣做要如何解決問題：「能否請你告訴我，當一個協會的領導階層拒絕討論問題時，要如何運作下去？」

或是提出一個假想論證：「如果你是教練，當你發現某個決策不符合協會的目標和原則時，你會如何處理？」

不過，在上述案例裡，這種情況並未發生。真正經常發生的是如果你已經妥善做好前面四個步驟，你會發現不需要那麼常拿出B計畫。原因在於，通常前四個步驟就足以建立良好的關係，讓雙方不至於陷入立場之爭。

實際上，如果我們基於某種原因，而無法透過前面四個步驟達到目標的話，不妨將第五個步驟視為建立良好關係，以及清楚表達自己的額外機會。

每個步驟都可依實際情況做調整

透過上述例子，我還想要表達一個概念，那就是這五個步驟的重點在於，我們需要做些什麼，以大幅提升雙方達成協議的機率，也就是供你運用的具體技巧。然而，誠如我先前所說的，在你採用這些步驟時，請務必善用自己的常識。如果你可以想到其他方法來實踐我所建議的步驟，以更加符合你的情況，就可以直接採用這些方法。比方說，在奧利佛的例子裡，睡個好覺是他保持好心情和維持正面心態的最重要因素。在順利交談後，他又藉由幫忙亨利搬運那袋足球，進一步強化關係的建立。

本章重點

- 有些關係對我們來說很重要，因此我們必須具備豐富的知識，知道如何做出明智的決定、避免不必要的爭執，並且維持人際關係的和諧。
- 這五個步驟標示出在特定情況下該做哪些重要的事情，不過，你可以依實際情況自行修改並調整。

第十二章 如何應對難搞的人？

人們可能激勵你、也可能榨乾你，請謹慎交往。

——漢斯・F・漢森（Hans F. Hansen）

在J. K. 羅琳的《哈利波特》故事中，提到一種超級令人畏懼的生物，稱為「催狂魔」。牠們是三公尺高的邪惡生物，身著黑色長版的破爛衣服，但問題不在於牠們的身高或是穿著。最令人感到恐懼的是，牠們只要一碰到人，就會吸走對方的靈魂，以及所有快樂的回憶，使他們只剩下一個空無生命的外殼。而且，當催狂魔走進任何一個房間裡，全部東西都會變成黑色，房間裡的人也會動彈不得，只記得人生中的可怕事情。

在採訪時，羅琳曾經談到她是如何創造出這些生物的，給予她靈感的是那些超級負面的人。因為每當這些人走進房間，總有能力瞬間吸走整個房間的生命力，使每個人感到不舒服。我們或多或少都見過這樣的人，因為他們就在你我的身邊，是難搞的傢伙。

不幸的是，要認出他們，並不總像在羅琳的故事裡那麼容易。與這些人達成協議不僅非常困難，而且，如果你太常跟這樣的人打交道，還可能會危害到你的身心健康。

在《哈利波特》的世界裡，當然有解決這類問題的簡單方法：哈利只需大喊他的魔法咒語，催狂魔就會永遠煙消雲散。只不過，在現實生活中，事情沒法如此簡單解決。

我們需要認出這些人，並問自己一個問題：「值不值得跟他們達成協議？」如果答案是肯定的，即意味著這段關係，或是這場協議對我們而言很重要，那麼就值得我們努力去達成協議（除非你面對的是個精神變態，關於這部分我們稍後再談）。這時，還有一個方法可以幫助我們。

採取「第一人稱陳述」法能有效化解衝突

對於人質談判專家來說，每天都會碰到難以應付的傢伙。一九七〇年代，FBI在研發他們其中的一套方法時，就包括積極與這些人進行建設性對談的機會。他們採用的方法是以心理學說為基礎的「第一人稱陳述」（I-Statement）[34]，這也是我們在協議破局之前可以嘗試的最後一種方法。

所謂「第一人稱陳述」是告訴對方他的行為如何影響到你，藉此讓他們有機會採取足以讓你接受的其他行為。換句話說，這項陳述跟你有關，而不是跟對方有關。

使用這種陳述方式之所以有效，原因是它主要在於吐露我們的感受，同時又盡可能不去指責對方。我們在〈步驟四：謹慎說話〉的那一章曾經提過：揭露我們的內在需求與吐露我們的感受都相當有效。如此一來，我們則有很大的機會得以激發出對方的同理心。在這裡我簡單舉個例子來說明這個方法：

你已經跟伴侶說好，請他下午四點去托兒所接你們的兒子雅各。結果下午四點二十分時，托兒所老師打電話問你人在哪裡。因為他們現在內部要召開一場會議，而且他們老早就已經告知你這件事了。你非常不願跟托兒所老師發生衝突，只好中斷手邊工作，趕緊衝下樓開車前往托兒所。到了那裡以後，你看到托兒所老師生氣的表情，讓你感覺自己是個不稱職的父母。當你帶著兒子回家後沒多久，你的另一半也回到家。於是你這麼說：

「**你**跑哪兒去了？**你**事情永遠都做不好！**你**明明說好**你**會在四點之前去接雅各，**你**怎麼會沒去呢？**你**害我沒法完成明天要交的圖片。**你**明明知道新任董事總經理的會議對我來說有多麼重要，但**你**還是這樣做。**你**實在是太過分了！」

算算看，這段話裡總共說了幾次的「你」呢？我數了一下，是九個。才幾句話就出現九個，夠厲害了。

心理學家發現，如果我們在充滿衝突的情況下，還用充斥著「你」的第二人稱來陳述事情，就形同火上加油一樣：瞬間火焰愈燒愈高，與你交談的人很可能會感到自己受到最嚴重的指控，從而開始防禦，並且反過來指責你。

為避免雙方衝突以這種方式急劇升溫，我建議採取所有人質談判專家在衝突情境裡必做的事情：使用第一人稱陳述。那麼，在家中玄關對另一半的陳述可能會像這樣：

「你今天究竟發生了什麼事？在接到托兒所打來電話，說四點沒人過去時，**我**感到很大的壓力。他們嚴正告知這會收取超時費用，於是**我**不得不趕緊開車衝過去。因此**我**沒有時間為明天的發表做好準備；這意味著**我**今天晚上必須坐著這裡看完資料，現在**我**倍感壓力和煩躁。」

在這裡，關於「你」的陳述少了許多，反倒用了更多的「我」。如果我們以正確的方式做好「第一人稱陳述」，那麼對方很有可能會改變他們的行為，從而令我們感覺變好。原因在於，透過第一人稱陳述，我們得以啟動對方的鏡像神經元，讓它們從激流表面下浮現出來。這時的我們只是陳述問題，而不是責怪對方，如此一來，也就能夠避免不必要的對立。

如果要我用簡單一句話來定義這個方法的話，我大概會這樣說：陳述你的感受和背後的原因。

如果我們碰到難以應付或行為不當的傢伙，不得不跟他們達成協議時，那麼第一人稱陳述就是讓雙方能夠順利進行的有效方法。

毛很多！這四種人最難搞

現在讓我們進一步探索，有哪些類型的傢伙值得我們注意：

一、極度需要關懷的人

在我小的時候，父親曾帶我看過一場魔術表演，其中魔術師不斷從金屬鍋裡拉出五彩絲巾。我記得當時覺得很神奇：每當魔術師突然暫停下來時，我總以為表演結束了；但沒想到每次都不是真的結束，最後他用絲巾幾乎把整個舞台給塞滿了。

我想描述的第一種人就會給我們同樣的感覺，只不過他們所製造出來的往往是大量的需求和無法解決的問題。每當一個問題解決完之後，對方又立刻衍生出更多問題。擁有這種性格的人通常被稱為「極度需要關懷的人」。

我們都希望得到別人的讚賞、肯定、喜愛和關懷，這很正常。不過，有些人單純需要別人關懷，有些人則是「非要把每個認識對象的能量全都吸乾」。在這裡，我們談論的是後者。

這種類型的人會在情緒上，或是財務上，或是兩者同時一起榨乾你。你怎麼知道自己碰到了一個極度需要關懷的人呢？最常見的指標就是：無論你做什麼，或建議做什麼，永遠都滿足不了對方。他們不會只是稍微倚靠在你身上尋求支持，他們會一直壓在你身上，直到你被他們整個壓垮癱在地上，筋疲力竭為止。他們經常會發出這樣的訊息：我不能沒有你，你必須解決我的所有問題；或是，如果你離開我，我就活不下去。總之，無論你做什麼，對方給出的訊息始終一樣：你做得不夠。

如果你試圖要跟極度需要關懷的人達成協議，你會發現你得到的回應和答覆與你原先期望的略有不同：所有的回應都隱含著「我還要更多」。

極度需要關懷的人可能會有以下特徵：

- 有著永遠無法滿足的無底洞。

- 試圖讓你感到內疚。
- 愛抱怨。
- 會扮演受害者的角色。
- 當事情不如他預期的發展，就會流下眼淚，或是假裝極度生氣。
- 令你想要避開他的問題。

如果你試圖與這種人達成協議，到頭來你只會感到無力和沮喪，因為你覺得自己明明已經盡力解決了他的問題，卻沒有得到任何的回報。

現在問題來了：碰到這種情況，我們應該走開、還是再試一次？當然，這是你自己的決定，取決於你跟對方之間的關係，以及達成共識對你有多麼重要。

假如，你決定要盡一切所能去改正這種情況，那麼你就需要一個有效的第一人稱陳述，聽起來像是這樣：

「**我**現在感覺心裡很不舒服；每當我們開始談論一個新的解決方案時，就會衍生出另一個新的問題，而這些問題都是**我**原先不知道的。對**我**來說，感覺我們好像一直在繞圈圈，毫無一丁點進展。這讓**我**感到沮喪和悲觀，不禁懷疑這樣做是否有任何意義，**我**是否應該繼續下去呢？」

切記，第一人稱陳述並非每次都能快速解決問題，別奢望在第一次嘗試就能解決所有的問題，你有必要隨時準備好持續描述當下發生的事情，是如何影響你的感受。因為如果你能夠反覆描述自己的感受和背後的原因，同時保持鎮定，那麼對方就很難指責你、說你才是問題所在。

二、予取予求的人

如果你遇到一個幾乎只專注在自己需求的人，超出了你認為正常的範圍，那麼你很可能碰到了一個「予取予求的人」。有時候我們到了事後才確定他們的身分：或許在你以為你們已經達到了「皆大歡喜」的境界後才發現到，對方似乎對履行其協議應盡義務絲毫不感興趣，而只全心在意你能夠為他做些什麼。這樣的人完全只想著別人能夠為他們做什麼事情，卻完全不會花時間或精力為其他人做任何事情。

以我的經驗來看，這種人最常出現在我們的職場上，而且通常是我們不太熟悉的人，因為他們鮮少會是我們值得稱為「朋友」的人。當他們讓我們失望、總是為我們創造比原先預期的更多工作時，肯定會給我們的生活帶來壓力。因此，及早認出這種人對你是有幫助的，他們的特性如下：

- 他們的行為表現出向別人要求東西是天經地義的事情。
- 如果你給他們一些東西，他們幾乎馬上又會要求其他的東西。
- 就算他們要求太過份，也不會表現出一絲歉意。
- 他們經常談論自己的事情，卻很少傾聽別人講話。
- 他們會讓你覺得自己只是他們獲得想要東西的一個工具，而不把你當人看。
- 如果他們收到東西後表現出感激之意，通常感覺很虛假。
- 即使他們有在傾聽，卻給人一副毫不在乎的模樣。
- 他們會抓住各種機會讓你失望。
- 有時你會以為他們意識到自己已經達到上限，但你很快就會發現並非如此。

當然，最簡單的方法就是跟這些人保持一定距離，這通常也是最好的解決辦法。要做到這一點，就是跟他們維持淡如水的關係。不過，如果我們還是得跟他們達成共識，或者（通常是問題所在）希望對方能實踐我們已經達成的協議，那麼第一人稱陳述就是一條有效的途徑。聽起來就像這樣：

「**我**感到很火大，因為你一直要**我**為你做事情。**我**有一種感覺，好像**我**應該為你做的事，遠比你應該為我做的事還重要許多。**我**的心態是，達成協議意味著雙方都應盡其所能實現他們同意達成的事情。當**我**感受不到這種經歷時，**我**就會感到失望。」

藉由這些第一人稱陳述，你可以確定有將自己的觀點傳達給對方。有時候，這麼做就能讓對方做好其應做的事情。儘管如此，你還是應該問自己：今後跟此人保持一定距離是不是會比較好？

三、**自戀狂**

從世俗的角度來看，極度需要關懷或是予取予求之類的人很少會特別成功或幸運，因為大多數人只要見識到他們的行為，多半會避之唯恐不及，也因此在許多情況下都不是大家理想的合作對象。

但是，如果你遇到一個表面上給人非常成功印象的人，但當他（通常是男的）開口說話時卻發現自己很難喜歡他，那麼你很有可能會碰到了一個自戀狂。

簡單來說：自戀狂的舉止看似被人寵壞了。他們的目的不是傷害你（不像精神變態狂那樣，稍後我們會談到），只是不在乎你，因為你的存在只是做為一名觀眾，主要用來突顯他的出色形象。研究表明，這類型的人在同理心和換位思考上面有著極大的障礙。35

臨床心理學家經常會藉由一個問題來確定某人是否為自戀狂：

「從一到十評分，你的自戀程度有多少？」（在這個問題下，有一種解釋說，自戀狂與極端自我中心、超級自大的人是一樣的。）

這個簡單的問題之所以有效，是因為自戀狂不但很清楚自己有自我欣賞的傾向，同時也不恥於承認這樣的事實。他們就是認為自己比其他人更有價值，而其他人的存在只是為他們所利用。

對於這樣的人，互相滿足、合作、建立關係，或是許下長期承諾的機會當然極其有限。相對地，要跟這樣的人共同努力建立一個皆大歡喜的解決方案，自然也是非常困難的。此外，這種人還有以下特色：

- 他們經常抱怨別人。
- 對於那些不符合他們標準的人，他們經常給予難聽的綽號。
- 他們常會受到階級制度和地位所困縛，不僅是他們自己的、還有別人的。
- 他們可能會猛烈自我批評：如果失敗了，他們通常會把指責的炮火轉向自己，而不是別人。

那麼，為什麼還是有些人想要嘗試與這種人合作、找到攜手前行的道路呢？嗯，可能是因為這些人通常成功又令人興奮，讓人很想跟他們在一起。

如果你決定跟這些人打交道，並希望他們能以你比較能夠接受的方式來行動，那麼最好的方式也會是條理分明的第一人稱陳述。但請切記，跟這些人交談時，你的口吻必須要比對待其他人更來得溫和。畢竟，接受批評並非自戀狂的強項，因為這會與他們塑造的自我完美形象有所衝突。你或許可以如此表達：

「**我**不確定這樣合作的方式要如何順利進行下去。**我**感覺，只有你的觀點和需求最重要，這麼一來，讓**我**感到沮喪。」

這時，你還必須要有心理準備：在事態變嚴重時保持鎮靜，或者走開，或是日後再試一次。不過，面對這些難以應付的傢伙，我有個普遍的建議，那就是：如果你努力與他們取得共識但效果不彰，而且對方持續對你造成負面影響，務必要走得遠遠的。

四、精神變態狂

美國研究人員羅伯特．哈爾（Robert Hare）和一名博士生聯手寫了一篇文章，投稿某本科學期刊，文章裡附有許多受測者進行簡單語言測試時的腦波照片。

該期刊的編輯立即發現有問題，並將文章退回作者，表示「這些腦波絕不可能來自於真實人類」。

從某種角度來說，這名編輯的說法沒錯，因為這些腦波來自精神變態狂。這些人冷酷無情、又無道德感，並且欠缺身為人類該有的重要元素：鏡像神經元。因此，他們天生就缺少一般人得以展現同理心、體會他人感受的能力。這是我們遇到最危險、也最難以應付的一種人。*

雖然極度需要關懷的人、予取予求的人和自戀狂都是難以應付的人，但在問題性格的表象底下，他們至少還具備理解他人感受的能力。如果這幾種人在街上撿到一只錢包，他們有可能還會同理丟掉錢包者的心情，至少會嘗試做些事情以確保錢包物歸原主。然而，換作精神變態狂撿到錢包就不是這麼一回事了。他會把裡頭的財物全數拿走，把錢包直接丟到附近的垃圾桶裡，而且內心完全不會有一絲的不安或是覺得自己做錯事。

面對極度需要關懷的人、予取予求的人或自戀狂時，我們還有可能透過有效且耐心的第一人稱陳述啟動他們的鏡像神經元，大致上就像是我們對著火堆餘燼搧風，仍有機會讓它重新燃起火花。換句話說，只要灰燼中仍有零星火源，透過耐心的等待，我們依舊可以讓它星火撩原。不過，要想引發精神變態狂的同理心，就像努力要使一塊大石頭燃燒起來，是不可能做到的，因為物理條件根本就不存在。

精神變態狂往往也很成功，就像自戀狂一樣，通常身居高位、擔任高階主管或是金融部門的管理人員。他們喜歡位高權重，並能任意指使他人的職位，因此可以毫不受限地宣洩自己的不道德感和憤世嫉俗。

你會遇到嚴重精神變態狂的機率很高，因此我的建議很簡單：盡你所能地遠離這種人。因為這種人非常危險：一旦他們有機會，就會在金錢和情感上打擊你的生活。有些人會試圖對精神變態狂曉之以理，或是努力跟他們交心，到頭來才發現根本都沒有用。等付出各種不同的昂貴代價後，才發現已經鑄成大錯。

研究人員在針對精神變態狂進行多年研究後，歸納出三個重要的特徵：

• 沒有同理心

第一個特徵我前面已經描述過了，他們之所以無法同理別人的感受，是因為他們缺乏鏡像神經元。

* 對於精神變態狂究竟是欠缺鏡像神經元，還是只是暫時「關閉」它們，研究人員有著不同的看法。但可以確定的是，精神變態狂的同理心遠低於其他人。

・習慣哄騙和欺騙

精神變態狂無法控制自己騙人的衝動；他們想要欺騙別人的欲望，就像酒鬼想要喝酒一樣：他們就是抗拒不了這種欲望。

他們有三個最喜歡的目標：金錢、權力和勝利。他們絲毫不在乎道德或是社會規則，像電影《華爾街》的哥頓・蓋柯（Gordon Gekko），或是影集《紙牌屋》的弗蘭克與克萊爾夫婦（Frank and Claire Underwood）就是最好的例子。在不同的場合裡，他們利用經典的操弄手法、引發他人的罪惡感、公然的霸凌或誇獎以達到自己的目的，同時表現出欺騙別人的先天欲望。

・極度自戀[36]

精神變態狂同時也具備了先前描述、徹底迷戀自我的所有特徵。不過，跟那些「被寵壞的」自戀狂相比，最大的不同點在於，精神變態狂不僅以自我為中心，而且非常危險。他們缺乏一般人類對於什麼能做、什麼不能做的自我規範能力，加上精神變態狂很難控制自己的脾氣，這使得他們成了高危險因子的綜合體。

如果你碰到一個符合以上精神變態狂特徵中任何一項的人，請你務必放棄與該人攜手尋找前行道路的所有計畫。請把他們視為有毒且危險的動物，如此一來，你就只有一個選擇，那就是盡可能趕快逃走！

本章重點

- 在日常生活中，我們或多或少都會遇到一些難搞的人。在碰到極度需要關懷的人、予取予求的人，或是自戀狂時，我們都還可以透過喚起他們休眠的鏡像神經元，試圖達成共識。畢竟，鏡像神經元是達到皆大歡喜狀態的必要因子。
- 如果你碰到一個符合內文中所敘述精神變態狂特徵的人，請盡快離開，因為這種人對你的身心都深具威脅。

小叮嚀

- 當你碰到「毛很多」的傢伙時（這裡不包括嚴重的精神變態狂），請嘗試用不具指責口吻的「第一人稱陳述」，來喚醒他們的同理心。如果你反覆嘗試後，還是無法打動對方，可考慮直接離開。

第十三章 關於HAPPY HAPPY溝通力的Q&A

四處巡迴演講有一個好處，就是我經常可以從聽眾那裡，得到演說內容的直接回饋。有時候是觀眾當場舉手分享他們的想法，但更多時候是演講結束後私下跟我分享他們的生活、經歷，或是針對演講的內容提出問題。大多時候，我們會有一番富含趣味的討論，讓我意外地收獲良多，而我也經常得到新的例子和新的方法滿載而歸。

在這裡，我想藉機分享多年來經常被問到的一些問題，這些問題不但有助於大家更深入了解HAPPY HAPPY溝通力，同時也有助於你們在人生中創造出更多皆大歡喜的情境。

問題一：檢驗HAPPY HAPPY溝通力的最佳方法是什麼？

如果你不偶爾停下來思索游泳的技巧和為何那麼做的原因，並且缺乏嘗試新技巧或新動作的意願，那麼你有可能終其一生都在學游泳，卻始終沒能學會。與人達成共識也是一樣的道理。我通常會推薦一個稱為「事前與事後觀點」的方法：

在開始之前，先仔細思考你打算做些什麼，接著再思索之後的結果。你可能會發現，某些方法試了以後效果很棒，決定以後也照著做。若是效果不好，你就會知道下次應該改試其他的方法，其中大部分都跟HAPPY HAPPY溝通力的五個步驟有關，但你要設法把它們變成適合你自己使用的方法，透過不斷的測試，偶爾停下來思索它們是否有效。就是這麼簡單！

別把這五個步驟當成是艱鉅的任務。相反地，請你抱持嘗鮮好玩的心態，在不同場合測試不同的技巧和訣竅。你不妨從比較小、對你人生也沒那麼重要的場合開始練習。

問題二：從一開始就態度強硬地堅持己見，會不會比保持正面的心態更有效呢？

當我們心情愉快時，我們就能獲取許多重要的能力。這就是為什麼當你心情不好，無法從我們的聰明才智和創造力受益時，可能會導致非常嚴重的後果。

我們可以非常堅定自己對於某個議題的觀點，卻不必讓人覺得我們個性機車或是脾氣很差。如果我對於一位每天嚴重超速行駛過我們家前的卡車司機這麼說：「我認為，你以時速八十公里的速度開著卡車行駛在這條社區道路，是完全無法令人接受的。」

我這麼說會給人個性機車的感覺嗎？完全不會，我也不認為那位卡車司機會這樣看待我。這句話聽起來只會讓人清楚知道，這個意見對我來說非常重要。這反而會是一個優勢，誠如我在第六章〈步驟四：謹慎說話〉中所說的。

對於特定議題的觀點，我們之所以表達出強硬和堅決的口吻，必須是出自我們刻意的作為，而不是因為我們已經或是即將大發雷霆的情緒化表現。因為當我們刻意做出「強硬」的行為時，我們並不會經歷到真正的壞心情所帶來的負面影響。

問題三：實踐HAPPY HAPPY溝通力後，別人會如何看待我們？

當你實踐HAPPY HAPPY溝通力時，我敢向你保證，別人會把你看作是一個很好相處的人，而且更容易發現一般人難以看見的解決方案。

我為什麼可以這麼肯定呢？因為這些步驟可以幫助你展現你認真對待別人，以及你樂於傾聽，並在意對方心中認為重要的事情的態度。而且，你顯然富有創造力，總在努力尋找令雙方都滿意的解決方案。

再者，當我們善用這五個步驟時，我們無需面臨下面的抉擇難題：要當好人、還是努力爭取我們認為應得的東西？事實上，我們兩者都能兼得。

問題四：立場之爭是否有意義？

如果你不重視自己與別人的關係、不擔心浪費時間和精力，或是這件事對你來說不那麼重要，那麼針對立場討價還價對你來說或許很有意義。

打個比方說，你正在某個遠方異地度假，陽光明媚的氣候讓你感覺到自己擁有花不完的大把時間。你在市場裡閒逛時，突然碰到一個想做你生意的當地手工藝品小販。你其實並不特別感興趣，但事後一想假如價錢合適的話，或許可以買下來作紀念。這位市場小販似乎想針對價格進行熱烈的討價還價，你或許也樂於接受，就跟他繼續談下去。

不過，在我們日常生活中很難碰到討價還價能帶來好的結果，因此請你把握一個簡單原則：在愈複雜、對你意義愈重大的情況下，因為立場之爭而導致的後果就會愈糟糕。

問題五：如果對方要賤招的話，我該怎麼辦？

想必我們都經歷過對方試圖使出所謂的「賤招」。換句話說，他想要以一種不太公平的方式行事，企圖藉由一些有爭議的方法來獲取好處（像是利用謊言、攻於心計、狡猾戰術等方式施壓）。

關於這種做法的一個最經典例子就是利用「黑臉／白臉戰術」，對方會找兩個人做角色扮演，其中一人扮演強硬的黑臉，另一人則扮演善良的白臉，藉此影響另一個落單的你。

不管我們碰到什麼齷齪爛招，關鍵在於我們要如何有效化解它們？答案很簡單：「**詢問目前發生了什麼事**」。

通常你只需公開質疑對方的行為就夠了，畢竟這整個策略是建立在另一方毫不知情的基礎上。通過公開表態，你清楚展現出你知道目前正在發生什麼事，同時也讓對方擔心你可能會完全退出討論，而這通常不是對方想要看到的結果。

讓我舉一個簡單的例子：你剛剛意識到對方正在使用惡名昭彰的「黑臉／白臉戰術」。然後，你最好的做法就是以中立、非指責的口吻質疑眼前正在發生的事情：「好吧，彼得，或許是我誤會了，但我怎麼感覺你和安娜正在扮演黑臉和白臉。如果你現在想要暫停片刻跟安娜好好談一談，對我來說完全沒問題。」

通常，只要用這種方式表示你知道正在發生什麼事情，就足以令對方停止使用這種齷齪的把戲。

問題六：如果對方位高權重，我該怎麼辦？

首先，我得強調，HAPPY HAPPY溝通力的五個步驟能夠讓你變得更強大。藉由幫助你建立穩固的關係，讓你和對方都能共同因為好的成果獲益。同時，你也會更善於表達自己的內在需求和興趣。再者，你的能力之所以會變得更強，是因為你了解自己和對方真心看重的事情，而且你愈是清楚了解，你就愈容易滿足他人的需求，卻又不會過多犧牲自己的需求。

當然，你還是可能會遇到一些情況：對方手上的牌確實比你好很多。在這種情況下，對方可能會利用這種優勢向你施加壓力。當你意識到這一點，並感覺壓力逐漸加深時，你該怎麼做才能鞏固自己的立場呢？

答案很簡單：你只需要多做一些思考。在〈步驟四：深思熟慮〉那一章裡，我曾提到思索多種替代解決方案的重要性，因為這麼做可以為你帶來安全感。如果你想要進一步鞏固自己的立場，不妨考慮與其他人聯手合作的替代方案。這裡所謂的「其他人」，並非指跟你協議的那個人，而是第三方。

譬如說，你打算找工作，但你擔心面試官會給你施加壓力，那麼解決方案就是與其他人一起準備替代方案。換句話說，你可以應徵更多的工作。當你為不同工作的面試準備得愈周全，你的內心也會感到更鎮定、更強大。

不過，請注意，這個技巧只適用於比較專業的情況下，而且這種關係對你來說並沒有那麼重要。但也正是在這些情況下，我們才會遇到那些地位權勢更強大的人，而且很可能想盡辦法為他們自己謀取利益。

問題七：如果跟我會面的人看起來完全不想合作，我該怎麼辦？

在你採用B計畫之後，還是沒能讓對方順利跟你合作，那麼剩下可以做的就是用來解決難搞的人的方法了。這時，第一人稱陳述是最重要的解決對策：

「現在**我**感到很沮喪，因為**我**非常想要討論出一個對雙方都有利的解決方案，但**我**覺得你並不想一起合作。」

這樣說完之後，通常會引發一連串雙方該如何應對的話題，如此一來討論會變得非常正面。然後，你們可能會先針對彼此的行為達成共識，接下來你就可以嘗試針對問題本身達成協議。一旦你們重回問題的討論上，便是邁向解決方案的第一步。

不過，要是你也用以牙還牙的方式回應對方，那麼問題永遠無法解決。研究清楚表明，人們在這種情況下容易彼此模仿互槓。話說回來，這反而會是個好消息。因為這意味著只要其中一方（你）願意展現合作意願並「感染」另外一人，那個人（通常在不自知情況下）就會開始模仿你，做出更多具有建設性的行為。

問題八：是否每次都需要用到所有的步驟？

不，當然不用。有時候，光是某個特定步驟就足以讓一切順利進行，你只需繼續維持那種情況就行了。

比方說，在職場上你即將跟某人碰面，你們兩個人的心情都很好，而且彼此的關係也很好。這時，你或許應該把更多精力放在事前的思考上，規畫出一些非常好的替代方案，也許可以藉由製作重要事項清單來達成。再者，誠如我先前一再建議：請根據你實際碰到的情況，來調整你採用的步驟。

問題九：見面才是達成共識的最佳方式嗎？還是也可以透過電子郵件或電話來達成呢？

在哈佛大學研究人員進行的一項實驗裡，他們將實驗對象兩兩配對，告知他們要針對銷售和購買特定產品達成協議。[37]某些人必須面對面會談，有一些人則必須透過電子郵件或電話討論交易過程。

實驗結束後，研究人員證實，面對面會談的那一組當中有百分之六十的人做出令雙方受益的決定。透過電子郵件進行對談的那一組人裡，這個數字只達百分之二十二，而透過電話交談的人，則有百分之三十八達到好的結果。此外，透過電子郵件討論交易的實驗對象裡，有一半以上的人最終選擇放棄達成協議。相較之下，面對面會談的人當中只有百分之十九的人放棄，使用電話對談的人只有百分之十四的人發生這種情況。

我們或許可以這樣解釋：當我們看不見彼此時，鏡像神經元的作用會減少或無效，雙方比較難去信任或相信彼此。相反地，人們會比較傾向把對方想得很糟，包含他這個人以及他的意圖。

如果你明知如此，還是非得使用電子郵件或電話對談的話，該怎麼做呢？建議你最好別太早提出問題，而是多花點時間營造能與對方拉近距離的親密氛圍。

另一個提醒則是在寄送電子郵件之前，先多閱讀幾次內容，確認你的邏輯推理和結論都**百分之兩百地**清楚陳述。如果隨後你收到回信，仍然發現對方誤會信中的某些內容，則應考慮改用電話聯繫，或是改約對方面對面會談。

還有一個解決方案則是多重方式的組合：你們可以定期約好見面會談或是電話會議，但大部分的聯繫還是可以透過郵件或簡訊進行。

問題十：即使最終決定不甚公平，還是可以達成協議嗎？

我希望協議之後雙方都能感到滿意。假如當下其中一方不認為這是個理想的決定，那麼你們或許應該慎重考慮，做出那樣的決定是否妥當。

我曾經聽過一位丹麥觀光客在中東度假的故事，他去一個市場選購手工壁毯。有一家人願意賣給他一個純手工製作的壁毯，是他們花了很長時間才製作出來的，並接受他以德國馬克付款。然而，他用來支付這一家人的錢，竟然是威瑪共和時期遺留下來，早已變得毫無價值的馬克。更誇張的是，他回到家鄉後居然還恬不知恥地吹噓自己的功績。

我可以肯定的是，總有一天當他看到家中牆上的那個壁毯時，他會感到良心不安。身為人類的我們遲早有一天會發現，生命中有許多東西比金錢或贏過別人更有意義。

如果你發現做出的決定明顯不利於對方的話，那麼我給你的建議是，想一想人質談判專家或是青少年的父母：因為從某種角度來說，對方的問題通常也會成為你的問題。

結語
讓「HAPPY HAPPY溝通力」成為行動準則

正如我在本書一開頭強調的：你原本可能就已經擅長與別人達成共識，不過，隨著你學到更多有效的方法，並認清它們之所以有效的原因，相信你能夠更順利與人達成協議，進而為你帶來更好的生活品質。

現在，你已經知道HAPPY HAPPY溝通力和許多附加技巧，它們全都經科學研究證實，在現實生活中得以帶來良好的成效。此外，多年來所有運用過這些技巧的人也都肯定它們的效果。

接下來，可別忘了練習你所學到的內容。要知道，光是閱讀比約恩・博格

（Björn Borg）*的自傳是不足以讓你成為一名優秀網球選手，你還需要上球場練習。透過實際運用ＨＡＰＰＹ ＨＡＰＰＹ溝通力，你就能做出更明智的決定、減少不必要的爭執和擁有更良好的人際關係；甚至還可能跟那些對你意義重大的人合作。

皆大歡喜是一個普遍的原則，關鍵在於合作比對抗和競爭對我們更有益處。同時，我也希望你把眼光放遠未來：從長遠來看，皆大歡喜其實不只改善我們的生活而已。

想想當今世界上充斥各種麻煩和衝突：有多少人是以不道德、不正當的方式剝削別人，無視於輸家的需求，只顧自己荷包賺飽就拍拍屁股走人？如今，人人都在談論永續發展的社會。我相信這股趨勢已經讓許多人意識到：輸家總有一天會反撲、想要報仇。同樣地，當我們一再竊取地球資源而不考慮後果的話，地球終究也會有反撲的一天。

從今天起，當你成功在日常生活中，可能是跟你的伴侶、同事，或是兒女，創造出皆大歡喜的環境後，我希望你能夠告訴自己：

「我做得很好，全世界的領導人有很多地方可以向我學習。」

因為若想要創造更美好的世界，我們最必須做的一件重要事情，就是在日常生活的每個面向中都能皆大歡喜。如此一來，我們對自己的生活以及別人會抱持一種態度：絕不讓任何一個人、任何一個國家，或是我們的地球變成輸家。我知道，要說出這些崇高的話很容易，但實際執行的確很難。不過，至少我們付諸行動就會產生效果，即使不見得每次都能成功。

最後，我要向你們大聲說聲「謝謝」，感謝你們讓我有機會闡述我多年來的研究；這真真切切給了我撰寫這本書的正面感受。因此，我當然願意盡我所能，讓大家也有相同的感受，讓你我共同活出本書內容的精髓。

同時，我也歡迎你們造訪本書的官方網頁：larsjohanage.com。在官網上，不但可以向我提問（並且能獲得答案），還可以找到相關領域的最新研究與資訊。

＊已退役的瑞典男子網球運動員（一九五六年六月六日～），有「瑞典冰人」之稱。網球史上男子GOAT之一，單打最高世界排名第一，十一座大滿貫單打冠軍，國際網球名人堂成員。

延伸閱讀

如果你想要深入了解本書提到的主題的話，以下是我推薦的一些書籍和期刊文章列表：

前言　雙方都HAPPY，才是真正的成功

關於幸福：索妮亞・柳波莫斯基（Lyubomirsky, S.），《這一生的幸福計劃：快樂也可以被管理，正向心理學權威讓你生活更快樂的十二個提案》（*The How of Happiness: A New Approach to Getting the Life You Want*）。

哈佛大學對於談判的看法：羅傑・費雪（Fisher, R.）、布魯斯・派頓（Patton, B）和威廉・尤瑞（Ury, W.），《哈佛這樣教談判力：增強優勢，談出利多人和的

好結果》（*Getting to yes: Negotiating agreement without giving in*）。

「一起吃飯」對合作的重要性：凱文・科尼芬（Kniffin, K.），〈在消防站一起吃飯：工作場所同桌吃飯如何影響消防員的表現〉（Eating Together at the Firehouse: How Workplace Commensality Relates to the Performance of Firefighters），《人類績效》（*Human Performance*），4，281-306。

職場中的幸福感和人際關係：麥基（McKee, A.），《如何快樂工作：目的、希望和友誼的力量》（*How to Be Happy at Work: The Power of Purpose, Hope, and Friendship*）（暫譯）。

第一章　什麼是「皆大歡喜」？

共同創造價值：約翰・格雷漢（Graham, J.）、琳達・勞倫斯（Lawrence）和赫南德茲・雷奎喬（Hernandez Requejo, W.），《創意談判》（*Inventive Negotiation*）（暫譯）。

關於「想贏」這件事：努金（Mnookin, R.H.）、佩珀（Peppet, S.R.）和突魯梅

羅（Tulumello, S.），《超越輸贏》（*Beyond Winning: Negotiating to Create Value in Deals and Dispute*）（暫譯）。

長期思考的重要性：丹尼・厄特（Ertel, D.），〈談判達成共識之後重頭戲才真正開始〉（Getting Past Yes – Negotiation as if Implementation Mattered.），《哈佛商業評論》（*Harvard Business Review*）。

第二章　達成共識，就是和對方的大腦對話

情緒智商與杏仁核：丹尼爾・高曼（Daniel Goleman），《EQ：決定一生幸福與成就的永恆力量》（*Emotional Intelligence: Why It Can Matter More Than IQ*）。

鏡像神經元對同理心的作用（詹姆士・龐德的例子）：克里斯欽・凱瑟斯（Christian Keysers），《腦中的同理心》（*The Empathetic Brain*）（暫譯）。

同理心和換位思考的差別：基林（Gilin, D.）、麥杜斯（Maddux, W.W.）、卡本特（Carpenter, J.）和加林斯基（Galinsky, A.D.），〈什麼時候用腦、什麼時候用心：在競爭關係裡，換位思考與同理心的差異〉（When to use your head and when to use your heart: the differential value of perspective-taking versus empathy in competitive interactions），《人格與社會心理學研究學報》（*Personality and Social Psychology Bulletin*），39（1），3-16。

第三章　步驟一：保持正面的心態

更多正向情緒相關的資料：芭芭拉・弗雷德里克森（Barbara Fredrickson），《正向性》（*Positivity: Groundbreaking Research Reveals How to Embrace the Hidden Strength of Positive Emotions, Overcome Negativity, and Thrive*）（暫譯）。

透過冥想永久提高正向情緒：芭芭拉・弗雷德里克森 、康恩（Cohn, M.）、柯費（Coffey, K. A）、佩克（Pek, J.）和芬柯（Finkel, S. M.），〈開放心胸建立人生：通過愛心冥想引發的正向情緒如何建立相應的個人資源〉（Open Hearts Build Lives: Positive Emotions, Induced Through Loving-Kindness Meditation, Build Consequential Personal Resources），《個性與社會心理學期刊》（*Journal of Personality and Social Psychology*），95（5），1045-1062。

愛心冥想：雪倫．薩爾茲堡（Sharon Salzberg），《慈愛：革命性的喜悅藝術》（*Lovingkindness :The Revolutionary Art of Happiness*）。

微笑的棒球運動員多延長了七年壽命：亞伯爾（Abel, E.L.）和克魯格（Kruger, M.L.），〈照片中的微笑程度可預測壽命〉（Smile Intensity in Photographs Predicts Longevity），《心理科學》（*Psychological Science*），21（4），542-544。

第四章　步驟二：深思熟慮

為談判做好準備：賽門斯（Simons, T.L.）和崔普（Tripp, T.M.），〈談判清單：如何在開戰之前就贏得這場戰役〉（The negotiation checklist: How to win the battle before it begins），《康奈爾酒店與餐管管理季刊》（*Cornell Hotel and Restaurant Administration Quarterly*），38（1），14-23。

知道自己想要什麼以及如何獲得它的重要性：〈羅傑．費雪深知正確之道：歷久不衰的五堂談判課〉（What Roger Fisher Got Profoundly Right: Five Enduring Lessons for Negotiators），《談判期刊》（*Negotiation Journal*），29（2），159-169。

第五章 步驟三：建立連結

ＦＢＩ危機談判的標準步驟：葛雷格利・維加（Gregory M. Vecchia）、文森・漢塞（Vincent B. Van Hasselt）和史蒂芬・羅馬諾（Stephen J. Romano），〈危機（人質）談判：解決高風險衝突與議題的當前策略〉（Crisis〈hostage〉negotiation: current strategies and issues in high-risk conflict resolution），《侵略和暴力行為雙月刊》（*Aggression and Violent Behavior*），10。

ＦＢＩ特務寫的書，談人際關係和情緒在談判中扮演的角色：克里斯・佛斯（Voss, C）和塔爾・拉茲（Raz, T.），《ＦＢＩ談判協商術：首席談判專家教你在日常生活裡如何活用他的絕招》（*Never Split the Difference: Negotiating As If Your Life Depended On It*）。

透過提問加強人際關係：黃（Huang, K.）、幼曼斯（Yeomans, M.）、布魯克斯（Brooks, A.W.）、明森（Minson, J.）和吉諾（Gino, F.），〈問問又無妨：提問有助於提高喜好度〉（It Doesn´t Hurt to Ask: Question-Asking Increase Liking），《個性與社會心理學期刊》，113（3），430-452。

藉由理解對方可以帶來長遠效應：柯恩（Cohen, S.）、許爾茲（Schulz, M. S.）、衛斯（Weiss, E.）和渥汀傑（Waldinger, R.J.），〈情人眼裡出西施：適當展現同理心並讓對方感覺獲得理解將有助於提升關係的滿意度〉（Eye of the beholder: The individual and dyadic contributions of empathic accuracy and perceived empathic effort to relationship satisfaction），《家庭心理期刊》（*Journal of Family Psychology*），26，236–245。

談論「彷彿準則」的經典著作：漢斯．維辛格（Vaihinger, H.），《彷彿的哲學》（*The Philosophy of 'As if': a System of the Theoretical, Practical and Religious Fictions of Mankind*）。

別錯過關鍵訊息（黑天鵝）的重要性：麥斯．貝澤曼（Bazerman, M.），《覺察力》（*The Power of Noticing*）。

第六章　步驟四：謹慎說話

找出外在需求背後的興趣以創造滿意度：帕斯齊爾（Pasquier, P.），〈基於興趣的談判實證研究〉（An empirical study of interest-based negotiation），《自主代理與多重代理系統期刊》（*Autonomous Agents and Multi-Agent system*），22（2），249-288。

影響力，理論和實踐：羅伯特・席爾迪尼（Cialdini, R.B.），《影響力：讓人乖乖聽話的說服術》（*Influence : The Psychology of Persuasion*）。

對方拒絕時可以怎麼做：威廉・尤瑞，《突破拒絕》（*Getting Past No – Negotiating In Difficult Situations*）。

成功社交的經典著作：戴爾・卡內基（Carnegie. D.），《人性的弱點》（*How to Win Friends and Influence People*）。

語言如何影響我們自己和別人：安德魯・紐伯格（Newberg, A.）和羅伯特・沃爾德曼（Waldman, R.），《語言可以改變你的大腦：建立信任、解決衝突和增進親密關係的十二種對話策略》（*Words Can Change Your Brain: 12 Conversation Strategies to Build Trust, Resolve Conflicts, and Increase Intimacy*）。

第七章　步驟五：備妥B計畫

為何有些人會如此難以合作：羅傑．費雪和丹尼爾．夏皮羅（Shapiro, D.），《超越理性的談判》（*Beyond Reason: Using Emotions as You Negotiate*）（暫譯）。

觸及敏感話題的艱難對話：道格拉斯．史東（Stone, D.）、布魯斯．派頓和席拉．西恩（Heen, S.），《再也沒有難談的事：哈佛法學院教你如何開口，解決切身的大小事》（*Difficult Conversations: How to Discuss What Matters Most*）。

如何解決情緒高漲的衝突：丹尼爾．夏皮羅，《如何跟談不下去的人談判，解決情緒化衝突的良方》（*Negotiating the Non Negotiable:How to resolve your Most Emotionally charged Conflicts*）（暫譯）。

處理日常衝突：喬治．湯普森（Thompson, G.J.）和傑里．詹金斯（Jenkins J.B.），《觸動人心的柔話術：越難溝通就越該輕輕說》（*Verbal Judo: the Gentle Art of Persuasion*）。

第十二章　如何應對難搞的人？

難以應付的人：吉爾・哈森（Hasson, G.），《如何與難搞的人打交道：面對你生活中問題人物的明智做法》（*How to Deal with difficult People: Smart Tactics for Overcoming the Problem People in Your Life*）（暫譯）。

想多了解自戀狂：泰瑞莎・傑克遜（Jackson, T.），《如何跟自戀狂相處》（*How to handle a Narcissist*）（暫譯）。

精神變態狂腦中出了什麼問題：梅佛特（H. Meffert）、迦佐拉（V. Gazzola）、波爾（J. A. den Boer）、巴妥斯（A. A. J. Bartels）和克里斯欽・凱瑟斯，〈精神變態狂減少自發卻相對正常的蓄意替代症狀〉（Reduced spontaneous but relatively normal deliberate vicarious representations in psychopathy），《大腦期刊》（*Brain*），136（8）。

參考文獻

1 Bloom, N., Liang, J., Roberts, J., & Jenny Ying, Z.（2015）Does working from home work? Evidence from a Chinese experiment, *The Quarterly Journal of Economics*, Vol. 30, No.1, pp. 165-218.

2 Hollander-Blumoff, R., & Tyler, T.R.（2008）, Procedural justice in negotiation: Procedural Fairness, Outcome Acceptance, and integrative potential, *Law and social inquiry*, May, pp. 1-31.

3 Bazerman, M. H.（1983）. Negotiator judgment: A critical look at the rationality assumption. *American Behavioral Scientist*, Vol. 27, pp. 618-634.

4 Menkel-Meadow, C., Schneider, A.K., Love, L.P.,（2005）, *Negotiation-Processes for*

Problem Solving, New York: Aspen Publishers.

5 Age, L-J., & Eklinder-Frick, J.（2017）, Goal-oriented balancing: Happy-Happy negotiations beyond win-win situations, *Journal of Business & Industrial Marketing*, Vol. 32 No. 4, pp. 525-534.

6 Rizatto, Matteo.（2014）, *I am Your Mirror: Mirror Neurons and Empathy*, Torino:Blossoming Books.

7 Galinsky, A. D., Maddux, W. W., Gilin, D., & White, J. B.（2008）, Why it pays to get inside the head of your opponent: The differential effects of perspective taking and empathy in negotiations. *Psychological Science*, Vol. 19, pp. 378-384.

8 Carnevale, P. J., & Isen, A. M.（1986）, The influence of positive affect and visual access on the discovery of integrative solutions in bilateral negotiation. *Organizational Behavior and Human Decision Processes*, Vol. 37, pp. 1-13.

9 Fredrickson, B.L.（2001）, The role of positive emotions in positive psychology. The broaden-and-build theory of positive emotions, *American Psychology*, Vol. 56, No. 3,

pp. 218-26.

10 Fredrickson, B.L., *Positivity. Groundbreaking Research to Release Your Inner Optimist and Thrive*, London: Oneworld Publications.

11 K. Gasper., & C.L, Clore.（2002）, Attending to the big picture: mood and global versus local processing of visual information. *Psychology Science*. Jan, Vol. 13 No. 1: pp. 34-40.

12 Yang, M-Y, Cheng, & F-C, Cuang, A.（2015）, The role of affects in conflict frames and conflict management, *International Journal of Conflict*, Vol. 26, No. 4, pp. 427-449.

13 U. Hess., & S. Blairy.（2001）, Facial mimicry and emotional contagion to dynamic facial expression and their influence on decoding accuracy, *International Journal of Psychology*, Vol. 40, pp. 129-141.

14 Isen, A,M.（2001）, An influence of positive affect on decision making situations: theoretical issues with practical implications, *Journal of consumer Psychology*, Vol.

11, No. 2, pp. 75-85.

15 Fredrickson BL.（1998）, What good are positive emotions? *Review of General Psychology*, Sept. Vol 2, pp. 300-319.

16 Talarovicova, A., Krskova, L., & Kiss A.（2007）, Some assessments of the amygdala role in suprahypothalamic neuroendocrine regulation: a mini review. *Endocrine Regulations*. Nov, Vol. 41, No. 4, pp. 155-162.

17 Strack, F., Martin, L. L.,& Stepper, S.（1988）, Inhibiting and facilitating conditions of the human smile: A nonobtrusive test of the facial feedback hypothesis. *Journal of Personality and Social Psychology*, Vol. 54, No. 5, pp. 768-777.

18 Allred, K., Mallozzi, J.S., Matsui, F., Raia, c.P.,（1997）, The Influence of Anger and Compassion on Negotiation Performance, *Organiational Behavior and Human Processes*, Vol. 70, No. 3, pp. 175-187.

19 Ross, L. 1995. Reactive devaluation in negotiation and conflict resolution. In Barriers to conflict resolution, New York: Norton.

20 Lieberman, M.D., Eisenberger, N.I., Crockett, M.J., Tom,S.M., Pfeifer, J.H., & Way. B.M.,（2007）, Putting Feelings into Words: Affect Labeling Disrupts Amygdala Activity in Respons to Affective Stimuli, *Psychological Science*, Vol. 18, No.5, pp. 421-428.

21 Holzel, B., Hoge, e.A., Greve, D.N., Gard, T., Creswell, J.D., Warren Brown, K.., Feldman Barrett, L., Schwartz, C., Vaitl, D., Lazar, S.W.,（2013）, Neural Mechanisms of Symptom Improvements in Generalized Anxiety Disorder Following Mindfulness, *NeuroImage: Clinical* pp. 448-458.

22 Agndal,H, Age, L-J,& Eklinder-Frick, J.（2017）, Two decades of business negotiation research: an overview and suggestions for future studies, *Journal of Business & Industrial Marketing*, Vol. 32, No. 4, pp. 487-504.

23 Fisher, R., Patton, B., & Ury, W.（2011）, *Getting to yes: Negotiating agreement without giving in*（Rev. ed.）. New York: Penguin Books.

24 Rackham, N.,（1972）, The effective Negotiator part 2: Planning for Negotiations.

Journal of European Industrial training, Vol. 2, No. 7, pp. 2-5.
（Niel Rackhams forskning som jamfort framgangsrika och medelmattiga forhandlare har pa senare tid sammanfattats av forskningsinstitutet Huthwaite. https://huthwaiteinternational.com/global-research）

25 Zetik, D. C., & Stuhlmacher, A. F.（2002）, Goal setting and negotiation performance: A meta-analysis. *Group Processes & Intergroup Relations*, Vol. 5, No, 1, pp. 35-52.

26 Noesner, G. W. & Webster, M.（1997）, Crisis intervention: Using active listening skills in negotiations. *FBI Law Enforcement Bulletin*, Aug, 13.

27 Thompson, L. L.（1991）, Information exchange in negotiation. *Journal of Experimental Social Psychology, 27*（*2*）, pp. 161-179.

28 Rackham, N., Carlisle, J.,（1978）, The Effective Negotiator — Part I: The Behaviour of Successful Negotiators, *Journal of European Industrial Training*, Vol. 2, No. 6.

29 Osugi T.,& Kawahara J.（2017）, Effects of head nodding and shaking motions on

perceptions of likeability and approachability, *Perception*, September 24.

30 Derber, C.（2000）, *The Pursuit of Attention: Power and Ego in everyday life*, Oxford University Press.

31 Mnooking, R., Peppet, S.R., & Tulumello, A.S.（2000）, *Beyond winning - Negotiation to Creat Value in Deals and Disputes*, USA: Belknap Press.

32 Thompson, L.（1991）, Information exchange in negotiation. *Journal of Experimental Social Psychology*, Vol. 27, pp. 161-179.

33 Jager, A., Loschelder, D. D.,& Friese, M.（2017）, Using self-regulation to overcome the detrimental effects of anger in negotiations. *Journal of Economic Psychology, 58*, pp. 31-43.

34 Burr, W.（1990）, Beyond I-statements in family communication. *Family Relations*, Vol. 39, pp. 266-273.

35 Watson, P. J., Grisham, S. O., Trotter, M. V., & Biderman, M. D.（1984）, Narcissism and empathy: Validity evidence for the Narcissistic Personality Inventory. *Journal of*

Personality Assessment, Vol. 48, pp. 301-305.

36 Hare, Robert D.（1999）, *Without Conscience: The Disturbing World of the Psychopaths Among Us*. New York, NY: The Guilford Press.

37 Valley, K. L., Moag, J. & Bazerman M. H.（1998）, A matter of trust: Effects of communication on the efficiency and distribution of outcomes. *Journal of Economic Behavior & Organization, 34*, pp. 211-238.

BIG系列 332

HAPPY HAPPY溝通力：瑞典知名談判專家傳授最強說話術，讓彼此化解歧見，達成共識，共創未來

作　　者—拉斯—約翰・艾格（Lars-Johan Åge）
譯　　者—胡琦君
副 主 編—郭香君
責任編輯—龍穎慧
責任企劃—張瑋之
封面設計—陳文德
內頁排版—新鑫電腦排版工作室

編輯總監—蘇清霖
董 事 長—趙政岷
出 版 者—時報文化出版企業股份有限公司
108019台北市和平西路三段二四〇號一至七樓
發行專線—（〇二）二三〇六—六八四二
讀者服務專線—〇八〇〇—二三一—七〇五
（〇二）二三〇四—七一〇三
讀者服務傳真—（〇二）二三〇四—六八五八
郵撥—一九三四四七二四時報文化出版公司
信箱—10899臺北華江橋郵局第九九信箱

時報悅讀網—http://www.readingtimes.com.tw
綠活線臉書—https://www.facebook.com/readingtimesgreenlife
法律顧問—理律法律事務所　陳長文律師、李念祖律師
印　　刷—紘億彩色印刷有限公司
初版一刷—二〇二〇年七月十日
定　　價—新臺幣三八〇元
（缺頁或破損的書，請寄回更換）

時報文化出版公司成立於一九七五年，
並於一九九九年股票上櫃公開發行，於二〇〇八年脫離中時集團非屬旺中，
以「尊重智慧與創意的文化事業」為信念。

HAPPY HAPPY溝通力：瑞典知名談判專家傳授最強說話術，讓彼此化解歧見，達成共識，共創未來 / 拉斯—約翰・艾格(Lars-Johan Åge)著；胡琦君譯. -- 初版. -- 臺北市：時報文化，2020.07
面；　公分. --（BIG系列；332）
譯自：Happy Happy

ISBN 978-957-13-8271-5（平裝）

1.人際傳播　2.溝通技巧

177.1　　　　109008864

ISBN 978-957-13-8271-5
Printed in Taiwan